本书为重庆理工大学科研启动基金资助项目"企业资源配置与
实体企业金融化现象视角"（项目编号：2019ZD116）的阶段

Research on Executive Perquisite
Behaviours Based on Limited Attention Theory

# 有限关注理论下的
# 高管在职消费行为研究

高　鹏◎著

经济管理出版社

ECONOMY & MANAGEMENT PUBLISHING HOUSE

图书在版编目（CIP）数据

有限关注理论下的高管在职消费行为研究/高鹏著.—北京：经济管理出版社，2021.7
ISBN 978 - 7 - 5096 - 8116 - 9

Ⅰ.①有…　Ⅱ.①高…　Ⅲ.①上市公司—企业内部管理—研究—中国　Ⅳ.①F279.246

中国版本图书馆 CIP 数据核字（2021）第 135894 号

组稿编辑：李红贤
责任编辑：魏晨红
责任印制：黄章平
责任校对：董杉珊

出版发行：经济管理出版社
　　　　　（北京市海淀区北蜂窝 8 号中雅大厦 A 座 11 层 100038）
网　　址：www. E - mp. com. cn
电　　话：（010）51915602
印　　刷：唐山昊达印刷有限公司
经　　销：新华书店
开　　本：720mm×1000mm/16
印　　张：10.5
字　　数：147 千字
版　　次：2021 年 7 月第 1 版　　2021 年 7 月第 1 次印刷
书　　号：ISBN 978 - 7 - 5096 - 8116 - 9
定　　价：68.00 元

# 前　言

管理者从企业获得的收益，既包括年薪、奖金等货币性薪酬，也包括在职消费等非货币性薪酬。其中，在职消费包括独立豪华的办公条件、舒适的出行条件以及免费的餐饮、娱乐活动等。在中国上市公司中，管理者在职消费现象十分普遍。正当的在职消费，是经理人薪酬契约不完备的产物，本身具有一定的合理性，能够起到满足企业正常经营需要和在一定情况下对经理人的激励作用。但由于委托代理问题的存在，管理者的在职消费水平超出了企业正常水准，不再为企业经营服务，而仅仅为了满足自身私利的最大化，因此需要进行有针对性的监管。

实际控制人作为上市公司的最终所有者，对上市公司存在重大影响。现有文献证实，实际控制人的监督作用，能够有效提升企业的治理水平、降低管理层的自利行为，并且实际控制人对上市公司的关注，是降低企业委托代理成本的重要方式。有限关注理论认为，个体对某一事物的关注是一种稀缺资源，个体对特定事物的关注是以减少对其他事物的关注为代价的。因而，探讨企业实际控制人关注被分散的情况下管理者的在职消费行为，具有较强的现实意义和理论意义。

本书的基本结论包括：

（1）当上市公司所属实际控制人同时控股两家及两家以上上市公司时，其管理者超额在职消费规模显著高于其他上市公司。

（2）同一实际控制人所属上市公司之间存在超额在职消费的传染效应。

（3）上市公司所属实际控制人控股多家上市公司时，其股利分配水平更低；实际控制人控股多家上市公司对股利分配水平的负面影响，主要通过影响管理者超额在职消费实现。

除此之外，本书发现，企业产权性质和内外部公司治理机制对上述关系存在显著影响。同时本书结论通过了一系列稳健性检验，研究结论具有较强的可靠性。

本书是我对攻读博士学位期间和工作期间学术成果的系统性总结，企业在职消费问题是我长期关注的重点，并在这一领域形成了一系列科研成果，发表在《会计研究》《中央财经大学学报》等国内外权威期刊上。本书的形成离不开我的博士生导师——中国人民大学王化成教授的细心指导。我成为王老师的学生已接近六个春秋。老师的研究，最为宝贵的是他的立足点要远高于其他人，并有着完善的思想体系。老师儒雅的学者风范和乐观的人生态度，同样值得我用一生去学习。此外，我要感谢对外经济贸易大学张修平副教授给予的悉心帮助，重庆理工大学会计学院阎建民书记、何雪峰院长和程平院长的无私帮助，以及重庆理工大学给予的资金支持。希望本书的出版能够对本学院的科研工作和学生培养提供部分助力。

高　鹏

2021 年 6 月

# 目　录

# 1

## 导　论

### 1.1　研究背景

管理者从企业获得的收益，既包括年薪、奖金等货币性薪酬，也包括在职消费等非货币性薪酬。其中，在职消费包括独立豪华的办公条件、舒适的出行条件以及免费的餐饮、娱乐活动等（张铁铸和沙曼，2014）。而在中国上市公司中，管理者在职消费现象十分普遍（薛健等，2017）。正当的在职消费是经理人薪酬契约不完备的产物，本身具有一定的合理性，能够起到满足企业正常经营需要和在一定情况下对经理人的激励作用。但是，在企业存在所有权和经营权两权分离的情况下，会存在明显的委托代理问题。委托人希望代理人按照实现委托人利益最大化的原则经营企业，但是由于委托代理问题的存在，管理者在经营企业过程中，时常会进行一些与股东利益不一致的行为（Jensen and Meckling，1976）。从中国铁道建设有限公司在 2012 年年报中披露的 8.37 亿元业务招待费中可以看出，我国上市公司在职消费行为存在偏离股东利益最大化现象，可以给企业带来重大损失。因此，深入分析我国上市公司的在职消费问题具有重要的现实意义。近年来，学术界对在职消费领域具有较多关注，现有研究将在职消费区分为正常水平的在职消费和超额在职消费（Luo et al.，2011）：超额在职消费是指，由于委托代理问题的存在，管理者的在职消费水平超出企业正常水准，不再是为企业经营服务，而仅仅是为了满足自身私利的最大化（耿云江和王明晓，2016）。不同学者针对企业超额在职消费问题进行了深入研究（权小锋等，2010；Luo et al.，2011；陈仕华等，2014；薛健等，2017）。因此，本书主要针对上市公司超额在职消费问题进行研究。

为推动国有企业集团化建设，我国成立大批跨地区、跨行业乃至跨国家的企业集团，它们是国企改革的重要组成部分（李有荣，1994）。这些国有大型企业集团为了更好地利用自身的规模优势，持续推动下属子公司上市，形成了一家国有大型集团同时控制多家上市公司的特殊情况。例如，截至2015年底，中国化工集团同时控制着沙隆达（000553）、沈阳化工（000698）等多家上市公司。同时，随着我国民营企业规模不断壮大，涌现出了"复星系""海航系"等同时控制着多家上市公司的民营企业集团。现有文献证实，同时控股多家上市公司，能够有效缓解企业融资约束、降低企业经营风险（He et al.，2013）。但是，随着控股上市公司数量的增加，对上市公司的管理也更加复杂。在这种背景下，实际控制人同时控制多家上市公司，可能导致上市公司管理层的自利行为出现变化。但是，尚未有文献针对这一背景下管理层的自利行为进行深入研究。因此，本书试图从实际控制人同时控制多家上市公司作为主要研究视角，研究在这种背景下管理者的超额在职消费行为存在哪些特征。

当前，学者针对在职消费的存在机理，有两种互相对立的观点：激励观和代理观。支持激励观的学者认为，在职消费属于企业给予管理者的一种隐性激励，能够对管理者起到正面激励作用。例如，有学者证实在职消费能够提升企业效率和未来资产的回报（Rajan and Wulf，2006；Adithipyangkul et al.，2011）。支持代理观的学者认为，在职消费属于一种企业代理成本，会给企业带来负面影响（Hart，2001）。如Yermack（2006）研究发现，当上市公司披露企业CEO拥有使用专机的特权时，市场对这一事件存在明显的负面反应。进一步，有学者对在职消费和企业业绩的关系进行了实证检验，结果表明，我国上市公司管理者在职消费水平越高，企业业绩越低（罗宏和黄文华，2008；冯根福和赵珏航，2012）。还有学者发现，企业管理者为享受超额在职消费，会隐藏公司负面信息，导致企业股价崩盘风险上升（Xu et al.，2014）。对于上述分歧，耿云江和王明晓（2016）指出，在职消费是否损害企业价值，关键在于管理者的在职消费水平是否合理。当管理者的在职消费水平超出正常水平，构成超额在职消费时，便成为企业代理成本的一部分。超额在职消费会降低企业的货币薪酬业绩敏感性，导致伤害企业价值。

有关在职消费水平的影响因素，当前学者主要从公司治理特征进行研究。譬如，Andrews 等（2009）发现，公司治理水平越低的企业，越可能用在职消费来奖励管理者。Luo 等（2011）研究发现，银行直接持有上市公司股票与超额在职消费显著正相关，原因在于银行作为股东所起的监督作用较小。耿云江和王明晓（2016）发现，媒体监督能够显著抑制管理者超额在职消费行为。同样，有学者发现，政府的参与能够显著抑制超额在职消费行为。例如，陈仕华等（2014）、褚剑和方军雄（2016）以及薛健等（2017）研究发现，纪委的参与、政府审计以及反腐败等国家治理能够显著抑制管理者在职消费。Grinstein 等（2017）则发现，在 SEC 要求企业加强管理者在职消费信息披露后，管理者在职消费出现显著下降。还有一些学者从管理者的特征因素出发进行探究。譬如，权小锋等（2010）研究发现，在国有企业中，权力较大的管理者存在操纵其私有收益的行为；张铁铸和沙曼（2014）研究发现，除管理者权力外，管理者的能力同样会对在职消费水平带来显著影响：管理者能力越高，在职消费水平越低。

首先，本书认为，相对于其他上市公司，当上市公司所属实际控制人同时控股多家上市公司时，其超额在职消费规模显著升高。

实际控制人作为上市公司的最终所有者，对上市公司存在重大影响。现有文献证实，实际控制人的监督能够有效提升企业的治理水平，降低管理层的自利行为（林乐等，2013；叶继英和张敦力，2014；窦欢等，2014；孙光国和孙瑞琦，2018），在实际控制人对上市公司的关注程度较高的情况下，能够起到更好的监督作用，并降低企业代理成本，提升企业价值（Kang et al.，2017）。相对于美国等发达资本市场，我国资本市场并未对同时控股多家上市公司做出限制，部分企业集团为充分利用自身规模优势，扩大融资能力，纷纷推动下属子公司上市，形成了同一实际控制人同时控股多家上市公司的特殊情况。这种特殊情况能够有效缓解企业融资约束、降低企业经营风险（He et al.，2013）。但是，随着实际控制人控股上市公司数量的增加，对上市公司的管理也更加复杂。有限关注理论认为，个体对某一事物的关注是一种稀缺的资源，个体对特定事物的关注是以减少对其他事物的关注为代价的。并且实际控制人对上市公司的关注同样是有限的，当实际控制人同时控股多家上市公司时，管理上市公司难度加大，对单一上市公司投入关注程度降低，对高管的监管力度下降，最终导致上市公司委托代理问题更加严重。此时，公司高管拥有更大的寻租空间，高管为满足自身利益最大化，倾向于进行更多的自利行为，而超额在职消费行为便成为一个较合适的选择。因为和工资、奖金以及股权激励等显性薪酬相比，在职消费行为存在天然的隐蔽性（廖歆欣和刘运国，2016）：一方面，在职消费行为往往存在于企业的日常经营活动中，股东进行监督的成本较高；另一方面，在职消费的行为以及规模也不会向外界进行详细的披露，社会公众难以对其进行有效监督。

综上所述，本书认为同时控股多家上市公司，导致实际控制人对上市公司高管的关注程度和监督力度下降，高管拥有更大的寻租空间，存在更多的自利行为。不正当的在职消费行为具有天然的隐蔽性，可能成为这种背景下企业高管满足私人利益的主要渠道。此时，当企业管理层将大量企业资源用于不正当在职消费时，公司在职消费水平显著提升，超出正常在职消费水平，进而构成超额在职消费。另外，在同一实际控制人控股下的上市公司之间，可能存在超额在职消费的传染效应。

传染概念源于现代医学理论，特指细菌、病毒等病原体从原有生物体转移到其他生物体。社会学中的传染效应是指当个体观察到不道德的行为的成本和代价较小，而潜在收益较高时，个体更愿意模仿和跟随（Kedia et al.，2015）。作为同一管理权威下的公司的集合，同一实际控制人控股的上市公司之间存在密切的联系。如现有研究指出，同一实际控制人控股的企业内部存在活跃的内部资本市场，成员企业间存在活跃的资源配置行为（Shin and Stulz，1998；杨棉之等，2010）；成员企业之间存在密切的商业活动，如资产出售和商品买卖等（Cheunga et al.，2006）。在职消费作为管理者从企业获得的隐性薪酬，具备天然的隐蔽性，外界难以识别管理者超额在职消费的变动情况。但由于同一实际控制人控股企业之间存在密切的联系，使某一成员企业管理者超额在职消费出现大幅提升时，其他成员企业管理者能够观察到这一现象。成员企业间的密切联系构成了超额在职消费传染效应的生成基础，使某一成员企业的超额在职消费变动可能影响到其他成员企业。

本书认为，某一成员企业的超额在职消费大幅上升，主要通过以下路径，影响实际控制人控股其他成员企业的超额在职消费规模，产生超额在职消费的传染效应。

首先，相对于其他企业，当实际控制人同时控股多家上市公司时，可能导致对单一企业的关注程度和监督力度下降，其委托代理问题更加严重。同时，在职消费作为代理成本的一种，存在天然的隐蔽性，不易受到股东和外界的监管（Jensen and Meckling，1976；廖歆欣和刘运国，2016）。因此，当某一成员企业的超额在职消费大幅上升时，实际控制人控股其他成员企业管理者有能力提升自身超额在职消费水平，产生超额在职消费的传染现象。

其次，某一成员企业的超额在职消费大幅上升，影响了实际控制人控股其他成员企业管理者对自身应得收益的估计。社会比较理论认为，个体在评估自身能力和观点时，更多是通过与他人进行比较，进而进行自我评价，而实验经济学的研究结果证实，人一般通过比较自身收益与别人收益来判断收益是否公平（Gächter and Fehr，2002）。进一步，现有研究证实，与管理者自身所得实际薪酬相比，管理者个人薪酬与他人薪酬的差距更能解释其薪酬满足感（Williams et al.，2006；贺伟和龙立荣，2011），管理者薪酬差距大小会影响个人薪酬欲望是否得到满足（张蕊和管考磊，2016），管理者在评估自身应得薪酬时，存在明显的攀比心理（罗宏等，2016）。在职消费作为一种隐性薪酬，管理者对其规模大小同样存在攀比心理。当同一实际控制人控制下某一成员企业的超额在职消费大幅上升时，其他企业管理者受攀比心理影响，会高估自身应得在职消费，有动机提升超额在职消费规模，产生超额在职消费的传染现象。再次，当某一成员企业的超额在职消费大幅上升时，实际控制人控股其他成员企业管理者会重新评估实际控制人对所属上市公司管理者超额在职消费规模的监管程度和容忍程度，管理者出于自利性动机，会使超额在职消费规模增加，产生超额在职消费的传染现象。最后，由于受传染效应影响企业管理者，在进行超额在职消费行为过程中，属于侵占股东利益行为的追随者，而非发起者，受影响企业管理者的道德负担相对较轻，能够更轻易地将这种侵占股东利益的行为合理化，进而使超额在职消费规模增加，产生超额在职消费的传染现象。

最后，本书认为，相对于其他上市公司，当上市公司所属实际控制人同时控股多家上市公司时，其股利支付水平显著更低，并且实际控制人控股多家上市公司，通过影响管理者超额在职消费行为，进而影响企业股利分配水平。

针对上市公司的股利分配行为，代理理论认为，股利起到了降低管理者代理成本的作用，企业向股东支付股利的行为，降低了管理者控制资源规模，削弱了管理者权力，使管理者在经营过程中，不得不从外界筹集新的资金并接受外部资本市场的监督（Easterbrook，1984）。Jensen（1986）认为，由于公司股东与管理者之间的利益冲突，使得管理者倾向于将企业的自由现金用于过度投资行为和在职消费行为，而公司股利分配行为通过降低管理者控制的自由现金流，进而起到抑制管理者过度投资和在职消费的作用。这一结论同样得到了中国数据的支持（魏明海和柳建华，2007；罗宏和黄文华，2008）。进一步，La Porta 等（2000）提出了股利的两个代理模型，其中股利的"结果模型"认为，股利分配是股东向公司内部人施压的结果，代理成本较低的企业倾向于发放更多的股利，并且这一模型得到了国际数据支持。随后，国内学者发现，管理者有能力出于自身利益，影响上市公司的股利政策，特别是在管理者所受监督力度较弱，管理者委托代理问题更为严重的情况下，上市公司股利分配行为显著降低（吕长江和张海平，2012；冯慧群和马连福，2013；王茂林等，2014）。综上所述，本书认为，管理者委托代理问题大小，对上市公司股利分配行为存在显著影响。

实际控制人作为上市公司的最终所有者，对上市公司存在重大影响。现有文献证实，实际控制人的监督作用，能够有效提升企业的治理水平，降低管理层的自利行为（林乐等，2013；叶继英和张敦力，2014；窦欢等，2014；孙光国和孙瑞琦，2018）。相对于美国等发达资本市场，我国资本市场并未对同时控股多家上市公司做出限制，部分企业集团为充分利用自身规模优势，扩大融资能力，纷纷推动下属子公司上市，形成了同一实际控制人同时控股多家上市公司的特殊情况。这种特殊情况，能够有效缓解企业融资约束、降低企业经营风险（He et al.，2013）。但是，随着实际控制人控股上市公司数量增加，对上市公司的管理也更加复杂。有限关注理论认为，个体对某一事物的关注是一种稀缺的资源，个体对特定事物的关注是以减少对其他事物的关注为代价的。并且实际控制人对上市公司的关注同样是有限的，当实际控制人同时控股多家上市公司时，管理上市公司难度加大，对单一上市公司的关注程度下降，对高管的监管力度下降，最终导致上市公司委托代理问题更加严重。同时，本书在第 4 章中证实，在实际控制人控股多家上市公司的情况下，实际控制人的关注和监督作用下降导致管理者有更大的寻租空间，存在更多的超额在职消费行为。由于发放现金股利会导致管理者能够支配的企业资源减少，不利于管理者进行在职消费行为（罗宏和黄文华，

2008），在这种情况下，管理者为了能够为自身超额在职消费行为提供更多的资金支持，倾向于将更多的现金资源留在企业内部，降低公司的股利分配水平。综上所述，本书认为，实际控制人同时控股多家上市公司，可能影响上市公司的股利分配行为。

## 1.2　研究思路

（1）通过手工查阅年报控制图的方式，确定上市公司所属实际控制人，以及归属于同一实际控制人的上市公司。由于上市公司产权性质差异，我们在确定上市公司实际控制人过程中，分别对民营上市公司和国有上市公司进行了处理。在确定民营上市公司实际控制人时，我们将其实际控制人定义为控制链顶端的自然人；在确定国有上市公司实际控制人时，由于位于控制链顶端的政府机构虽然履行了出资义务，但其本身并非经济实体，且较少参与企业日常经营活动，因此，我们将国有上市公司的实际控制人定义为在控制链中距离政府机构最近的经济实体。

（2）参考现有研究，定义实际控制人同时控制两家及以上上市公司时，为控股多家上市公司（He et al.，2013；Buchuk et al.，2014；蔡卫星等，2015；纳鹏杰等，2017），据此判断上市公司所属实际控制人是否同时控股多家上市公司，以及实际控制人同时控股上市公司的数量。随后，本书比较了实际控制人控股多家上市公司样本，与其他上市公司样本之间超额在职消费水平是否存在差异，并进一步分析了这一差异的产生是否由于实际控制人控股多家上市公司引起的监督作用下降导致的。

（3）为进一步挖掘两类企业超额在职消费水平差异产生的具体原因，我们针对实际控制人同时控股多家上市公司样本，研究超额在职消费的传染效应。针对传染源企业样本和受传染企业样本的确定，参考现有研究（黄俊等，2013；纳鹏杰等，2017），通过在职消费和企业规模两个维度加以判断。这一部分深化了我们对实际控制人控股多家上市公司与超额在职消费间的关系的理解。

（4）为了明确实际控制人控股多家上市公司是否影响股东收益，以及这一特殊背景下更高的超额在职消费水平所产生的负面经济后果，本书研究了实际控制人控股多家上市公司与股利分配水平间的关系，并进一步分析实际控制人控股多家上市公司是否通过影响管理者超额在职收益，进而影响股利分配水平。

（5）对全书主要研究结论进行总结，并据此提出本书的相关政策建议和未来研究方向。

## 1.3  研究内容

本书各章节的主要研究内容如下所示：

第1章：导论。主要阐述本书的研究背景、研究思路、研究结论和研究贡献，对本书研究做出概括性叙述。

第2章：文献综述。对研究过程中涉及的相关领域的文献进行了梳理，并进一步对现有文献进行评述，试图找出现有文献的不足，进而引出本书的研究思路和研究贡献。本书主要涉及在职消费、实际控制人与公司治理、传染效应和股利四个研究领域。

第3章：实际控制人控股多家上市公司与超额在职消费。在这一部分，本书从实际控制人的公司治理作用出发，基于上市公司所属实际控制人是否同时控股多家上市公司，采用OLS模型和固定效应模型，实证检验实际控制人控股多家上市公司，是否影响超额在职消费水平。在进一步研究中，本书基于企业产权性质、党的十八大前后、媒体监督水平和分析师关注度大小，探究不同情境下控股多家上市公司与超额在职消费间的关系是否发生变化。

第4章：超额在职消费的传染效应。从实际控制人的公司治理作用和管理者的攀比心理出发，基于上市公司所属实际控制人同时控股多家上市公司样本，采用OLS模型、固定效应模型和倾向匹配得分法（PSM），实证检验某一企业超额在职消费的大幅上升，是否影响同一实际控制人控股下的其他企业的超额在职消费水平，即是否存在超额在职消费的传染效应，同时检验了实际控制人性质，以及控股企业的行业和地域分布特征，对传染效应的影响。进一步，我们区分了媒体监督、内部控制质量和管理者薪酬，探究不同情境下，传染效应的影响是否发生变化。

第5章：实际控制人控股多家上市公司、超额在职消费与股利分配水平。在这一部分，本书从实际控制人的公司治理作用出发，基于上市公司所属实际控制人是否同时控股多家上市公司，采用OLS模型和中介效应模型，实证检验实际控制人控股多家上市公司，是否通过影响超额在职消费，进而影响股利分配水平。在进一步研究中，本书基于企业产权性质、媒体监督水平和分析师关注度大小，探究不同情境下控股多家上市公司与股利分配水平间的关系是否发生变化。

第6章：研究结论与对策建议。对主要研究结论进行总结，并据此提出相关对策和建议。同时，指出本书存在的不足，进而提出未来的研究方向。

本书的研究框架结构如图1-1所示。

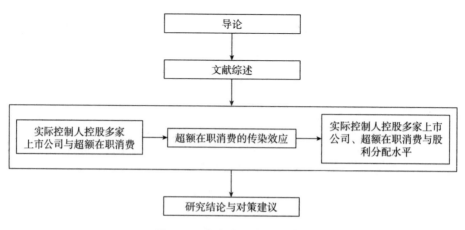

**图1-1　本书的研究框架结构**

## 1.4 研究结论

本书的研究结论如下：

（1）当上市公司所属实际控制人同时控股两家及以上上市公司时，其管理者超额在职消费规模显著高于其他上市公司。进一步研究发现，控股多家上市公司对超额在职消费的影响，主要发生在国有上市公司，并且在党的十八大召开后，控股多家上市公司对国有企业管理者超额在职消费的影响受到抑制；媒体监督水平较高的公司，控股多家上市公司对超额在职消费的影响显著降低；分析师关注度较高的公司，控股多家上市公司对超额在职消费的影响显著降低。

（2）在实际控制人同时控股多家上市公司情况下，当控股的某一成员企业超额在职消费大幅上升时，下一年度其他成员企业超额在职消费显著提升，同一实际控制人所属上市公司之间存在超额在职消费的传染效应，并且这一效应主要存在于国有企业、成员分布在同一行业和成员分布在同一地域的情况下。进一步研究发现，良好的公司治理机制和较高的货币薪酬，能够抑制超额在职消费的传染效应：媒体监督力度较强、内部控制质量较高的企业，不会受到传染效应的影响；管理者货币薪酬较高企业，同样不会受到传染效应的影响。

（3）上市公司所属实际控制人控股多家上市公司时，其股利分配水平更低；实际控制人控股多家上市公司对股利分配水平的负面影响，通过影响管理者超额在职消费实现。进一步地，发现控股多家上市公司对股利分配的负面影响，主要发生在国有企业、媒体监督水平较差企业和分析师关注度较低企业。

## 1.5 研究贡献

本书主要有以下研究贡献：

（1）丰富了超额在职消费影响因素以及超额在职消费的经济后果的相关研究。现有关于企业超额在职消费影响因素的研究主要基于公司治理视角，探究良好的公司治理机制是否能够抑制企业的超额在职消费水平。本书则基于实际控制人视角，探究了相关企业行为和实际控制人特征对超额在职消费水平的影响。进一步，本书证实，通过影响管理者超额在职消费行为，实际控制人监督作用下降，会导致上市公司股利分配水平下降，进而损害股东利益，丰富了超额在职消费行为的经济后果的相关研究。

（2）丰富了公司治理领域的相关研究。针对实际控制人的监督作用，学者们已经做出了一定的研究，但是尚未有文献研究实际控制人控股上市公司数量对公司代理成本的影响。本书关注了实际控制人控股上市公司数量与管理层自利行为和股利支付行为的关系，发现不同背景下的企业会表现出超额在职消费水平和股利支付行为的差异，丰富了实际控制人监督作用的研究。同时，本书发现，实际控制人性质以及控股企业在经营特征和地域分布上的差异，会对超额在职消费的传染效应产生显著影响，进一步丰富了实际控制人监督作用的研究。进一步地，本书发现较高的内部控制质量和媒体监督水平能够抑制超额在职消费的传染效应；良好的媒体监督和分析师关注度能够抑制控股多家上市公司背景下的高管超额在职消费行为，并且能够进一步提升控股多家上市公司背景下的股利分配行为，进一步证实了媒体监督和分析师关注的公司治理作用。

（3）丰富了企业间传染效应的相关研究。针对企业间的传染效应，学者们已经做出了一定研究，但是主要基于同行业企业和存在借贷关系企业间的传染效应,对同一实际控制人所属企业间传染效应关注相对较少,且主要从经营层面关注同一实际控制人所属企业间的传染效应。本书关注了同一实际控制人所属企业间管理层自利行为的传染效应,发现某一成员企业超额在职消费大幅上升,会对下一年度其他成员企业的超额在职消费产生显著影响。

(4)丰富了股利分配水平影响因素的相关研究。针对股利分配水平的影响因素,当前学者从公司治理角度进行了深入研究。但是,较少有文献关注实际控制人监督对股利分配水平的影响。

# 2

---

# 文献综述

## 2.1 在职消费相关文献

### 2.1.1 在职消费的经济后果

在中国上市公司中，管理者在职消费现象十分普遍（薛健等，2017）。有关在职消费的经济后果，现有研究存在激励观和代理观两种观点。支持激励观的学者认为，在职消费属于管理者隐性激励的一种，能够对管理者经营管理公司起到正面激励作用。例如，Rajan 和 Wulf（2006）认为，尽管有很多学者认为，高管的在职消费是代理成本的一种，它是经理人滥用公司盈余的一种方式。这种观点的依据在于，现金流量较多、投资机会较少且外部监督力量较弱的企业，会给予更多的在职消费。而 Rajan 和 Wulf（2006）认为，上述经验证据对在职消费的解释是不清晰的，在一定情况下，提供在职消费起到了提升经理人产量的作用，将在职消费仅仅视为代理成本是不正确的，非货币性形式薪酬的广泛含义需要更加仔细的研究。同样也有学者的结果支持了这一观点，例如，在职消费起到了提升企业未来资产回报的作用（Adithipyangkul et al.，2011）。

支持代理观的学者认为，在职消费是企业代理成本的一部分，会给企业带来负面影响（Hart，2001）。譬如，Jensen（1983）认为，由于股东与经理人之间的利益冲突，当企业存在自由现金流时，经理人倾向于将企业自由现金流用于过度投资和在职消费。从这一观点出发，Yermack（2006）从CEO从使用私人飞机角度研究了在职消费问题，发现市场对于上市公司披露企业CEO拥有使用专机特权事件存在明显的负面反应，当上市公司披露这一项经理人收益时，和市场对照公司相比，股东每年的收益要低4%，这一损失已经远超过CEO使用私人飞机的成本。在公告CEO使用私人飞机的当天，上市公司股价会平均下降1.1%。可见，从市场反应角度，CEO使用私人飞机这一在职消费行为显著伤害了股东的利益。罗宏和黄文华（2008）则从企业业绩角度，为在职消费作为代理成本提供了直接的经验证据。从实证结果角度，在不区分产权性质的情况下，在职消费和企业业绩显著负相关，但在区分了产权性质后，在职消费对企业业绩的负面影响主要发生在国有企业。说明在国有企业样本，在职消费所产生的激励效果要小于其成本，并最终伤害了企业价值。冯根福和赵珏航（2012）进一步对在职消费、管理者薪酬、管理者持股以及企业绩效之间的关系进行系统分析。他们同样发现在职消费和企业之间存在显著负相关关系，并且管理者薪酬和在职消费之间不存在替代关系，而管理者持股和在职消费之间存在显著的替代关系。这表明管理者持股能够通过抑制在职消费，进而提升企业业绩的作用。Xu等（2014）研究发现，企业管理层为享受超额在职消费，倾向于隐藏公司负面信息，这会导致上市公司的股价崩盘提升，而良好的公司治理机制能够抑制这一影响。

对于在职消费激励观和代理观的分歧，耿云江和王明晓（2016）指出，在职消费是否构成企业的代理成本，关键在于管理者的在职消费行为是否合理。当管理者在职消费水平超出正常水平时，便构成了超额在职消费，成为企业代理成本的一部分，会削弱企业的货币薪酬业绩敏感性，进而损害企业价值。

### 2.1.2 在职消费的影响因素

有关在职消费水平的影响因素，一些学者从管理者的特征因素出发进行了探究。如权小锋等（2010）从管理者权力理论出发，发现权力较大的管理者存在明显的薪酬操纵行为，并且管理者不仅会操纵货币性薪酬，同时也会操纵在职消费等非货币薪酬。张铁铸和沙曼（2014）同样研究发现，管理者权力会对在职消费水平带来显著影响，他还发现，由于声誉机制的影响，能力越强的管理者，在企业经营过程中，更注重维护自己的声誉，进行在职消费的动机更弱，因而管理者能力越高，在职消费水平越低，同时他们通过描述性统计发现，随着管理者团队平均年龄的增加，在职消费水平同样呈现增加趋势。原因在于，随着年龄的增加，管理者受到晋升的激励逐渐下降，因而更加关注通过在职消费行为获得的收益。

另一些学者发现公司治理特征对企业在职消费水平具有显著影响。如 Andrews（2008）等发现，公司治理较差的公司，更可能用在职消费来奖励管理者。Luo 等（2011）研究发现，当银行直接持有上市公司股票时，公司在职消费水平更高，因为在发展中国家，当银行直接持有上市公司股票时，银行同时拥有借款人和股东的双重身份，这种双重身份带来的利益冲突，使得其所起监督作用较小，特别是在银行担心自身借款安全和试图为自身借款获得更好的筹划的时候。Luo 等（2011）进一步研究发现，管理者的在职消费行为显著伤害了企业运营效率，而且在职消费水平与企业支付的利率显著正相关。耿云江和王明晓（2016）发现，通过降低企业信息不对称和加大管理者在职消费成本等方式，媒体监督能够对在职消费行为起到显著的抑制作用。牟韶红等（2016）基于 2009 年的"限薪令"和 2012 年的"八项规定"这两次政策变动，研究了内部控制对在职消费行为的影响，结果证实，由于内部监督和信息沟通等内部控制的各个要素均能对在职消费产生显著的抑制作用，因此内部控制治理程度较高企业的在职消费行为较少，并且在国家出台了抑制企业在职消费的相关政策后，内部控制起到了更好的抑制作用。廖歆欣和刘运国（2016）研究发现，由于企业的避税活动，会使公司的经营机构和财务活动更加复杂和不准确，这使企业内部人士和外部人士的信息不对称问题进一步恶化，而这为管理者在职消费行为提供了有效庇护，从而证实了企业信息环境对在职消费行为的影响。

除上述传统的公司治理方式外，我国学者同样发现国家在抑制管理者在职消费行为中起到了重要的作用。陈仕华等（2014）研究了纪委的参与对管理者私有收益的影响。管理者的私有收益既包括货币性的，也包括非货币性的，而非货币性的私有收益主要由在职消费构成。研究发现，与纪委并未参与公司治理的样本相比，纪委参与的样本其管理者在职消费受到了显著抑制，并且在纪委参与监事会、CEO 具有党员身份以及企业性质为中央企业的情况下，纪委参与对在职消费能够起到更好的治理作用。王曾等（2014）研究发现，良好的晋升机制是抑制管理者在职消费行为的重要因素，当面临着可能获得更高的政治晋升时，管理者为了未来的发展着想，会主动收敛不恰当的在职消费行为。同时，由于政治晋升复杂的激励作用，使管理者在企业业绩较好的情况下，反而会提升在职消费水平。但从整体上分析，政治晋升是抑制管理者在职消费的重要方法。褚剑和方军雄（2016）则以审计署实施的中央审计事件为切入点，证实了政府审计在抑制管理者超额在职消费行为的作用，并且政府审计的治理作用需要得到公司内部治理机制的配合。

从外部环境角度，薛健等（2017）则以党的十八大以来的反腐风暴为背景，研究了企业间的"威慑效应"。党的十八大以来，党的反腐行为已经不仅存在于政府机关，企业也同样成为反腐行为的重点。他们证实了，反腐行为的影响不仅存在于反腐企业本身，由于"威慑效应"的存在，使反腐行为能够显著抑制同地域和同行业企业的超额在职消费行为，这种"威慑效应"会受到受惩罚和受威慑的双方企业特征的影响，如规模和公司治理水平等。Grinstein 等（2017）发现，在 SEC 加强管理者在职消费信息披露后，管理者在职消费出现显著下降。2006 年 12 月，美国证监会突然要求美国上市公司加强管理者在职消费行为的信息披露。由于这一规定实施得非常突然，因此 2006 年披露的在职消费水平反映了在之前规定下的在职消费水平，在这种情况下，管理者难以及时修改在职消费行为以应对新的规定。而在 2007 年，上市公司披露的在职消费行为明显减少，反映了监管增强后的结果。但是，在职消费的减少被更高水平的非在职消费薪酬所抵消。

## 2.2 实际控制人与公司治理

针对实际控制人或控股股东与公司治理水平间的关系，国外学者中，Ali 和 Lesage（2013）基于法国上市公司数据发现，由于不同类型控股股东对代理问题大小的影响不同，使得审计师会采取不同的收费标准。审计费用和政府持股之间显著负相关；和机构投资者持股之间显著正相关；和家族持股之间不存在显著相关关系。Dušan Isakov 和 Weisskopf（2014）认为，创始人家庭是一种特殊的大股东，只有创始人家庭作为大股东存在时，才有动机去降低代理成本，而非创始人家庭作为大股东并未起到提升公司治理的作用。基于 2003～2010 年瑞士上市公司数据，他们发现，创始人家族控股企业不仅比无实际控制人企业拥有更强的盈利能力，也比非创始人家族控股企业的盈利能力更强。对于提升企业价值，创始人家庭的存在同样起到了关键作用，并且家族的代际和参与度能够显著影响创始人家庭的作用。Boubaker 等（2014）从企业私有化角度研究了控股股东对公司价值的影响，通过使用西欧 18 个国家的 314 个私有化事件发现，私有化的公告产生了 22% 的累计超额收益，而交易前股东平均获得约 36% 的原始溢价。进一步研究发现，股东的财富增长与交易前最终控制人的两权分离度显著正相关，而与控制权收益和第二大股东的存在显著负相关。综合上述结果，他们认为，私有化行为有效削弱了由于交易前的委托代理问题导致的低效率行为，股东财富的增加反映了在私有股权结构下潜在的价值增加。

但是，并非所有学者均认为控股股东或实际控制人的存在提升了公司治理水平和企业价值。Jameson 等（2014）基于 1796 家印度公司样本，研究了控股股东对经营绩效的影响，以及公司的董事会结构和所有权结构。统计发现，在 63.2%（65.5%）的样本公司中，家族（创始人）出现在公司董事会中，并且创始人平均拥有超过 50% 的股票。但是，与其他研究结论相反，控股股东的董事会成员身份伤害了企业价值，并且独立董事和机构投资者公司治理机制无法弱化这一负面效应。Boubaker 等（2014）研究了存在控股股东的情况下，公司治理中现金流权和两权分离对股价同步性的影响。他们发现，股价同步性与超额控制权显著正相关，证实控股股东为了隐藏寻租行为，倾向于披露更少的公司特质信息。

针对实际控制人或控股股东与公司治理水平间的关系，国内学者林乐等（2013）以实际控制人是否兼任薪酬委员会委员这一视角，研究实际控制人监督力量的大小是否影响管理者的激励有效性。研究发现，在实际控制人出任上市公司薪酬委员会委员的情况下，上市公司管理者的薪酬—业绩敏感性更高，并且实际控制人的监督作用主要体现在行业竞争更加激烈的行业中。这一结论证实了，完全独立的薪酬委员会并不一定产生最为合理的薪酬契约，实际控制人能够在提升公司治理水平过程中发挥关键作用。邵帅和吕长江（2015）基于随着我国资本市场逐步完善、投资者保护力度不断加强的背景下，越来越多的实际控制人选择直接持有上市公司股票的这一现实状况，实证检验了这种特殊的持股方式是否降低了企业的代理成本，进而提升了企业价值。实证结果显示，无论是财务绩效还是企业价值，实际控制人直接持股的上市公司均显著高于实际控制人通过金字塔结构持股的上市公司。实际控制人直接持股改善公司治理水平的具体路径，包括抑制实际控制人出售上市公司行为和掏空行为，以及促使实际控制人更加关注上市公司的财务绩效与市场价值。叶继英和张敦力（2014）认为，控股股东的强势地位能够有效抑制管理者在股权激励过程中的自利行为。而孙光国和孙瑞琦（2018）以股权分置改革这一外生事件为切入点，研究控股股东直接参与公司管理后，对公司治理水平的影响。研究发现，控股股东直接委派董事参与公司经营，不仅起到了监督管理者的作用，同时对管理者的激励也更加有效。控股股东委派董事这一行为，不仅降低了企业盈余管理水平，提高了企业信息披露质量，同时也提升了管理者的薪酬——业绩敏感性。这一结论说明了控股股东在提升公司治理水平、降低管理者委托代理问题中的重要作用。马云飙等（2018）发现，除了实际控制人直接参与公司经营的方式之外，实际控制人的性别特征同样会对上市公司的公司治理水平产生显著影响。与男性实际控制人相比，女性实际控制人更注重保护中小投资者的利益。女性实际控制人在拥有更高道德水平和利他主义精神的同时，也存在更强的风险规避心理，使得女性实际控制人存在更少的掏空行为，并且实际控制人性别差异在上市公司本身治理水平较弱的情况下，具有更大的影响。

Kahneman（1973）最早提出了"有限关注"的概念。这一概念的核心思想是指，个体对某一事物的关注是一种稀缺的资源，个体对特定事物的关注是以减少对其他事物的关注为代价的。从这一角度出发，当前学者证实，投资者的有限关注会对股票市场产生显著影响，例如，Lou（2010）发现，在美国上市公司中，广告支出是影响上市公司投资者买卖股票的重要影响因素，广告支出越高，投资者买入行为越多，股票收益也越高。这一结论同样得到了其他学者的支持（Chemmanur and Yan，2010）。俞庆进和张兵（2012）发现，在使用百度指数作为投资者有限关注的替代变量的情况下，投资者有限关注对股票价格在短期内能够带来显著的正向价格压力。而实际控制人作为一种特殊的投资者，对上市公司的关注同样是有限的。有学者证实，除实际控制人的特征（马云飙等，2018）、是否兼任薪酬委员会委员（林乐等，2013）和实际控制人类别（Ali and Lesage，2013）等外，实际控制人对上市公司的关注同样影响实际控制人的公司治理职能（Kang et al.，2017）。由于实际控制人对上市公司的关注是有限的，实际控制人的关注是一种稀缺的资源，在这种情况下，学者发现了企业集团内部决定公司价值的新因素——控股股东的价值，即某子公司控股股东的股票价值除以全部子公司的股票价值。他们认为，在实际控制人的关注是有限的情况下，控股股东更加关注那些高价值的子公司，并且发现控股股东的价值比现金流权更能解释企业经营绩效，而且在那些雇用了非家族成员 CEO 的子公司中，控股股东价值与托宾 Q 值显著正相关，说明控股股东与非家族成员 CEO 成功解决了他们之间的委托代理问题。

## 2.3 传染效应相关文献

传染概念源于现代医学理论，特指细菌、病毒等病原体从原有生物体转移到其他生物体。社会学中的传染效应，是指当个体观察到不道德的行为的成本和代价较小，而潜在收益较高时，个体更愿意模仿和跟随（Kedia et al.，2015）。本书依据存在传染效应的企业之间的关系，将传染效应划分为同行业企业间传染效应、债务网络企业间传染效应以及同一实际控制人控股企业间传染效应三种类型。

### 2.3.1 同行业企业间传染效应

早期学者主要研究同行业企业之间的传染效应。由于同行业企业联系相对松散，资金和业务往来相对较少，学者多从信息传递角度分析同行业企业间的相互影响关系。

例如，有学者证实公司盈余公告、盈余预测以及并购公告对同行业其他公司股价收益存在显著影响（Foster，1981；Han et al.，1989；Pyo and Lustgarten，1990；廖理等，2009）。Foster（1981）较早研究了行业间的信息传递现象，他发现某一企业的盈余信息对同行业的其他信息股价存在显著影响。对于子样本，这一信息传递效应同样显著存在。子样本主要通过盈余公告对上市公司自身股价的影响判断。而且，当被影响样本企业有较高比例的收入，与盈余信息释放企业处在同一商业线时，存在更大规模的影响。并且上述结论在排除备择假设后，依旧是成立的。Han 等（1989）发现，不仅盈余公告这类正式的信息披露存在明显的行业信息传递效应，自愿性的经理人盈余预测同样会对同行业上市公司的股价产生显著影响。随后，后续学者针对行业间的信息传递现象进行了进一步的深入研究。Han 和 Wild（1990）基于非预期盈余视角，研究了行业间的信息传递现象。他们发现，非预期的季度盈利信息和同时期同行业公告企业和非公共企业的股价波动显著相关。他们也发现，在信息释放期间，公告企业和非公告企业的同时期非系统的股价收益显著正相关。与使用时间序列模型度量非预期收益相比，在使用分析师预测度量非预期盈利的情况下，这种相关性更强。在使用超过一天的数据计算累计非系统股票收益时，这种相关性更弱。Pyo 和 Lustgarten（1990）却发现，经理人盈余预测对同行业上市公司股价的影响，依赖于两家公司利润的协方差和预测企业自身的方差。两家企业利润的协方差反映了企业间的竞争状况而预测企业利润的方差反映了预测的噪声。当回归模型同时包括了方差和协方差时，未预测企业的超额收益和预测企业的超额收益显著相关；当排除了方差和协方差后，无法再次观察到这种相关性。Lang 和 Stulz（1992）较早从企业破产角度研究同行业企业间的传染效应，他们发现，某一企业的破产申请，导致同行业企业按市值构建的投资组合存在 1% 的负向收益。特别是在行业杠杆程度较高，以及行业内部企业联系较为紧密的情况下，这种负向影响更显著。但是，如果行业集中程度较高，杠杆水平较低，那么某一企业申请破产，会导致同行业企业存在正的超额收益，说明在这种情况下，同行业其他企业从其破产中获得了收益。Jorion 和 Zhang（2007）同样基于同行业企业数据，检验了不同破产类型在行业内部的信息传递现象。他基于信用违约互换息差这一独特视角，发现破产主要起到传染效应，破产与信用违约互换息差显著正相关；破产主要起到竞争效应，破产与信用违约互换息差显著负相关。进一步地，有学者证实，公司的盈余预测公告对同行业企业所产生的影响，同时受到信息本身的性质，以及信息接收公司与信息释放公司的关系的影响。例如，Kim 等（2008）认为积极的信息传递是由于行业的共性，而消极的信息传递是由于竞争的转换。基于信息接受者的特征，同样的管理预测既可以传递积极信息，也可以传递消极信息，积极的信息传递给非竞争企业，而消极的信息传递给竞争企业。

### 2.3.2 债务网络企业间传染效应

随着社会经济不断发展，企业间构建了更为复杂和直接的联系，仅仅研究同行业企业的关系已经不足以正确反映企业所面临的传染效应影响。在此基础上，部分学者从供应链的角度对传染效应展开研究。譬如，有学者从商业信用角度探究企业间的传染效应。Kiyotaki 和 Moore（1997）通过理论分析的方式，分析了存在相互提供商业信用的企业网络间的危机传播现象。特别是，他们证实了，一些企业的一个小的、暂时的流动性问题会导致其他企业陷入财务困境，产生明显的连锁反应，进而产生了大的持续性的整体活动下降，由商业信用联结在一起的上下游企业存在破产连锁反应。同样，有学者证实，当企业提出破产保护时，其供应商和贷款人的股价受到显著负面影响（Hertzel et al.，2008；Jorion and Zhang，2009；Helwege and Zhang，2016）。Hertzel 等（2008）较早从供应链角度研究破产申请的传染效应。他们发现，破产申请的传染效应超过了行业竞争者并对供应链企业产生显著影响，破产申请对供应商的股价存在显著负面影响，特别是当破产申请的负面影响在行业内部扩散的情况下，供应商受到更强的传染效应影响。Jorion 和 Zhang（2009）认为，传统的信贷风险模型无法完全解释违约聚集现象，即信贷传染现象。他们首先通过实证的方式，通过直接的交易方效应，研究了信贷传染现象。他们发现，某一企业的破产公告，导致贷款人存在显著负的股票超额收益，并且导致贷款人信用违约互换息差增加。进一步研究发现，被大量曝光的贷款人随后更可能陷入财务困境之中。上述结果说明，交易对手的风险是信贷传染的潜在渠道。他们认为，金融机构对交易对手违约的恐惧在一定程度上解释了雷曼银行破产后突然恶化的信贷危机。事实上，无论是一般企业，还是金融企业，均会受到传染效应的影响。并且这种传染不一定是由交易行为导致的，负面信息的扩散同样是产生传染效应的重要原因。Helwege 和 Zhang（2016）通过对金融机构的考察，发现这两种渠道均会产生显著的传染效应，特别是在风险更高的公司和更大、更复杂的风险敞口中，交易对手的传染效应更大。对同一市场的竞争对手来说，信息传染的影响更大，并且经营困境比破产产生更大的负面影响。进一步地，企业提出申请破产保护的原因与供应商是否受传染效应影响存在密切联系：当企业因财务问题申请破产保护时，该企业成功实现破产重组的可能性较大，因此对供应商的传染效应较小；当企业因经营问题申请破产保护时，成功实现破产重组的可能性较低，因此对供应商的传染效应较大。而且，破产企业对供应商的影响主要是通过信息、信贷损失和更换交易对象三条路径实现的（Kolay et al.，2016）。国内学者中，王雄元和高曦（2017）用中国 A 股上市公司数据证实，客户公告盈余后，供应商股价的市场反应与客户股价的市场反应显著正相关，这一结果说明，在上下游企业间存在明显的传染效应。但是，客户与供应商之间的传染效应并不是孤立的，这种纵向传染效应会受到客户所在行业的横向传染效应的影响，并且这两种传染效应的影响是一致的，特别是在客户与同行业企业存在合作关系的情况下，这种影响更大。此外，客户盈余公告对供应商的传染效应大小，会受到盈余公告内容以及二者关系紧密程度的影响。而供应商和客户之间，除了一般的股价变动存在传染效应外，股价崩盘风险同样存在明显的传染现象，而这一现象在供应商本身抵御风险能力较弱的情况下更为显著（彭旋和王雄元，2018）。同时，这种股价崩盘的联动现象，主要是由于供应商和客户之间过于紧密的商业联系导致的。

除了商业信用的通过直接借贷行为形成的债务网络之外，有学者发现，担保行为，作为一种隐性的债务，在其网络内部，同样存在着传染效应。张乐才（2011）通过梳理浙江省企业间的担保现象发现，企业间的担保行为呈现出由线构成环，进而构成网的状态。这种企业间的担保网络实现了企业间的风险共享，担保网络内部的企业拥有更强的融资能力，但也产生了风险传染效应。个别企业的经营风险，通过资产负债表渠道、信息传染渠道和投资传染渠道，沿担保网络实现了扩散。企业间的担保网络，是起到缓解融资约束作用还是起到风险传染作用，取决于外界的经济环境。在外部经济环境较差时，担保网络的存在可能导致企业均陷入破产危机之中。刘海明等（2016）以实证研究方式证明了担保网络中存在业绩传染效应，在担保网络内部，当某一年度存在业绩较差的企业时，同一担保网络内的其他企业经营绩效会受到显著负面影响。同时，这种传染效应的存在，阻止了优质企业的加入，也由于优质企业自身独立经营能力较强，也使优质企业更倾向于退出担保网络，担保网络质量是企业评估是否加入的重要因素。从传导机制上分析，他认为诉讼风险、再融资和现金持有是担保网络中业绩传染效应的主要影响机制。

### 2.3.3 同一实际控制人控股企业间传染效应

近期，一些学者对同一实际控制人控股企业间的传染效应进行研究。Banal - Estanol 等（2013）通过理论模型分析，证实企业合并项目最终起到共同保险作用，还是风险传染效应，主要取决于合并项目的收益分布情况。当融资成本高于合并项目的平均收益，并且两个项目利润存在紧密联系时，更可能产生传染效应。黄俊等（2013）从经营绩效角度实证检验了同一实际控制人控股企业间的传染效应，结果显示，如果某一年度某一企业存在业绩大幅下滑现象，在下一年度实际控制人控股的其他企业的经营业绩会受到传染，这是由于被影响企业存在救助业绩大幅下滑企业的行为，这种救济行为会导致被影响企业的现金流减少、债务融资成本增加和固定资产投资减少。同时，经营绩效的传染效应在实际控制人控股企业分布在同一行业或同一地域的情况下，有更大的负面影响。因为在实际控制人控股企业分布在同一行业或同一地域的情况下，企业之间的联系更加紧密，被传染企业可能存在更强的救济行为。纳鹏杰等（2017）从风险角度实证检验了同一实际控制人控股企业间的传染效应。结果证实，如果某一年度某一上市公司的风险明显增加时，下一年度实际控制人控股的其他企业的风险会受到负面影响，并且这种传染效应同时存在于财务风险和市场风险中。企业风险的传染效应主要是通过影响关联交易、关联担保和债务实现，并且良好的公司治理机制和风险管理制度能够有效缓解风险传染现象。

## 2.4 股利的相关文献

### 2.4.1 股利存在机理的相关文献

针对股利的存在机理，早期的代表性理论，主要包括 Gordon（1959）的"在手之鸟理论"（Bird in the Hand Theory）、Miller 和 Modigliani（1961）的"股利无关理论"。支持"在手之鸟理论"的学者认为，与资本利得相比，股利是一种更具确定性的收益；与把资金交给企业用于不确定的投资相比，投资者更愿意获得确定性的收益。从这一理论出发，现金股利是比资本利得更符合投资者需求的收益，因此，发放现金股利有助于公司降低资本成本，提升企业业绩。"股利无关理论"则认为，在完美的资本市场中，公司的价值完全由其盈利能力决定，现金股利作为一种利润分配方式，对公司价值不存在影响，因而也不存在最优的股利政策。

早期的股利理论虽然对于股利的存在机理进行了严格的论述，但这些理论仍存在一些疑问。特别是"股利无关理论"建立在一系列非常严格的假设条件上，包括投资者对股利和资本利得不存在偏好、证券交易不存在交易成本、公司和个人不存在所得税等。后续学者在逐步放开这些假设条件的情况下，形成了包括税差理论、信号传递理论、代理成本理论等一系列现代股利理论。税差理论认为，在股利所得税高于资本利得税的情况下，投资者倾向于投资低股利支付率的股票，从而以资本利得的方式获取未来收益（Farrar and Selwyn，1967）。这一理论认为，股利支付率与股票价格显著负相关，而与权益资本成本显著正相关，企业应当尽可能地降低股利支付水平，以实现公司价值最大化。客户效应理论则在税差理论基础上，做出了进一步扩展。该理论同样假定资本利得税和股利个人所得税存在差异，同时假定不同投资者之间边际税率存在差异。例如，养老基金的边际税率较低而富人投资者的边际税率较高，这使得不同投资者对于股利和资本利得呈现出不一样的偏好，前者倾向于股利支付率较高的股票而后者倾向于股利支付率较低或不支付股利的股票。此时上市公司会相应地调整自身股利政策，从而吸引特定类型的投资者（Miller and Modigliani，1961）。

随后，Miller 和 Modigliani（1961）在"股利无关理论"的基础上，引入了股票的交易成本。此时，由于具有良好成长机会的企业对外部的资金需求会提高交易成本，因此，降低股利发放水平，将资金留存在企业内部，有助于降低企业的交易成本。Myers 和 Majluf（1984）认为，由于市场中信息不对称问题的存在，使得企业的真实价值不能有效地传递给市场投资者，企业的真实价值可能被低估，此时使用发放新股的方式进行融资会伤害原有股东的利益。因此，在存在信息不对称问题的情况下，公司应当优先使用自有资金进行融资，降低股利发放水平，从而将资金更多地留在企业内部。

针对资本市场中的信息不对称现象，Miller 和 Modigliani（1961）提出了信号传递理论，在上市公司遵循稳定的股利政策的情况下，外界投资者会将上市公司的股利政策变动视为评估企业未来盈利能力的依据。在此基础上，Bhattacharyya（1979）运用信息不对称理论对股利之谜进行了解释。他通过模型推导的方式证实，公司能够通过发放股利的方式向外界传递公司现金流的相关信息。由于公司管理者掌握公司更多的内部信息，当公司管理者预期公司未来业绩存在大幅增长时，会通过发放股利的方式将这一信息传递给外部投资者；同样，当公司管理者预期公司未来业绩不够理想时，管理者会选择维持或降低股利支付水平，从而向外界传递负面信息。因此，股利能够通过信号传递的方式影响公司价值。Bhatta-charyya 的观点得到了一部分学者的经验证据的支持。例如，Aharony 和 Swary（1980）、Asquith 和 Mullins（1983）发现，当上市公司宣告股利变动时，股价存在显著变化；Mcnichols 和 Dravid（1990）发现，在上市公司发布股利公告后，股票存在显著为正的超额收益。

针对股利的存在机理，除信号传递理论外，还有一种理论得到了学者的普遍支持。自从 Berla 和 Means（1932）指出，现代企业存在所有权和经营权分离的两权分离现象以来，两权分离现象就一直是学术界关注的重点。在此基础上，Jensen 和 Meckling（1976）提出，由于经理人享有企业的控制权，但剩余索取权却相对不足，经理人承担着提升企业利润的大部分成本，却没有享受到企业增加的利润，经理人和股东存在利益不一致的现象，进而产生经理人和股东的委托代理问题。从委托代理理论出发，Easterbrook（1984）认为当公司支付大量的股利时，为了满足公司投资需求，管理者必须到资本市场上去筹集资金，因而会受到资本市场的监督，从而降低管理者的代理成本。Jensen（1986）认为，当企业内部存在大量自由现金流时，管理者倾向于构建"企业帝国"和在职消费，而股利能够通过降低管理者支配的自由现金流，从而起到抑制管理者投资过度行为和在职消费的作用。随后，La Porta 等（2000）进一步扩展了股利的代理成本理论。La Porta 等（2000）提出了股利的两个代理模型，其中股利的"结果模型"认为，股利分配是股东向公司内部人施压的结果，代理成本较低的企业倾向于发放更多的股利，并且这一模型得到了国际数据支持。

近期，有学者在股利的委托代理理论基础上，提出了股利的生命周期理论

（DeAngelo and DeAnglo，2006）。该理论认为，企业应当结合自身投资机会变化，制定最优的股利政策。在企业发展初期，内部资金无法满足投资资金需求，企业应当降低股利支付；在企业发展后期，内部资金超出了投资资金需求，企业应当提升股利支付水平，以降低企业代理成本。

### 2.4.2　股利分配影响因素的相关文献

针对股利分配水平的影响因素，当前学者主要从公司特征、公司治理水平和外部环境三个方面进行分析。

从公司特征角度来看，有学者认为，盈利能力和现金流是影响股利发放的决定性因素（Healy and Palepu，1988；Brav et al.，2005），公司倾向于在盈利能力提升时，发放更多的股利。还有学者认为，规模对股利分配水平具有重要影响，规模较大的公司倾向于发放更多股利（Crutchley and Hansen，1989；Redding，1997）。随后，Fama 和 French（2001）对上市公司的股利支付水平做了系统性梳理，他们发现，在过去的一段时间中，上市公司的股利分配水平出现了大幅下滑，主要原因在于上市公司的结构出现了明显变化。大量规模较小、盈利能力较差，但具有良好投资机会的企业成为了上市公司，而这些上市公司股利分配水平明显低于规模较大、盈利能力较强的企业。国内学者中，刘星和李豫湘（1998）发现，法人股的比例、盈利能力、偿债能力等因素都会影响股利支付水平；原红旗（2001）发现，公司规模会对股利形式产生显著影响，为了将更多现金留在企业内部，小公司倾向发放股票股利，而大公司倾向发放现金股利。后续学者中，李秉祥等（2007）发现，企业盈利能力对现金股利存在最大的影响，其次是偿债能力和公司规模；但陈洪涛和黄国良（2006）认为，企业的偿债能力并不会显著影响上市公司的股利分配行为。

从公司治理角度来看，Shleifer 和 Vishny（1997）认为，出于自身利益考虑，当大股东的两权分离度较小时，大股东通过股利获取利益的成本较小，此时大股东更加倾向于股利这种受到法律保护的方式实现自身利益，而非通过掏空中小股东这种方式实现自身利益。Gugler（2003）同样认为，上市公司的控制权和所有权结构决定了公司的股利分配行为。同时，他们发现国有企业由于公司治理水平较低，导致其有较高的股利支付率。国内学者中，王化成等（2007）发现，控股股东的经济性质、两权分离度和是否具有集团性质，对股利分配倾向和股利分配水平具有重要影响。在控股股东具有集团性质、两权分离度较高和国有企业中，股利分配倾向和分配水平显著更低。除上述特征外，控股股东的股权质押行为也会影响上市公司的股利分配行为，当控股股东存在股权质押行为时，上市公司会回避现金股利，而将"高送转"作为替代。控股股东股权质押对股利的影响，在股权质押比例较高、平仓风险较大的情况下更为显著（廖珂等，2018）。从董事会角度，冯慧群和马连福（2013）发现，董事会是否具有独立性，对是否分配股利不存影响，但是董事会网络性和稳定性能显著提升发放股利的可能。杜兴强和谭雪（2017）发现，通过提升上市公司治理水平等渠道，聘任国际化董事有助于提升上市公司股利分配水平，而分析师关注会削弱聘任国际化董事对股利分配的影响。

从外部环境角度来看，La Porta等（2000）通过比较跨国数据发现，法律环境是影响股利分配行为的重要因素。在投资者法律保护水平较高的国家，发放股利能够起到显著降低代理成本的作用；在投资者法律保护水平较低的国家，发放股利起到相对较小的降低代理成本的作用。针对中国的投资者法律保护情况，有学者认为，中国的投资者法律保护水平相对较低，股利所起降低代理成本的作用相对较小。还有学者认为，经济增长对股利支付水平存在显著影响。相对于经济快速增长时期，在经济增长缓慢的情况下，公司倾向于支付更少的股利（Gertler and Hubbard，1993）。针对基于中国数据的研究，由于中国证监会一直以来都十分关注上市公司的股利分配行为，并出台了一系列政策保障中小股东权益，这为从外部环境视角研究股利的影响因素提供了良好的数据支持。国内学者中，魏志华等（2014）基于中国独有的半强制性股利分配政策，研究了外部政策对上市公司股利分配的影响。研究证实，半强制分红政策和上市公司股利分配水平之间存在显著正相关关系，而且引导性的政策往往具有更好的提升股利分配水平的效果。张玮婷和王志强（2015）认为，企业地域是影响股利分配的重要因素，处在偏远地区的企业，由于信息不对称问题更加严重，使企业更加依赖债务融资，企业对财务灵活性的需求更加迫切。因此，偏远地区的企业会通过降低股利分配水平来提升企业财务灵活性。李茂良（2017）结合市场微观结构理论，分析股票市场流动性对股利分配的影响，并发现股票市场流动性和股利分配之间存在显著负相关关系。支晓强等（2014）证实了股权分置改革后，上市公司的股利分配政策更多地迎合了中小投资者的偏好。雷光勇等（2015）从政治环境入手，使用市委书记变更作为政治不确定性的替代变量，发现企业在政治不确定性较大的情况下，会选择更加稳健的股利政策，降低股利发放水平。

## 2.5　公司治理相关文献

### 2.5.1　分析师相关文献

针对分析师对企业产生的影响，Allen 等（2016）检验了分析师跟踪对企业避税行为的影响，在控制了内生性问题之后，他们发现分析师跟踪显著抑制了上市公司的避税行为。特别是在上市公司投资者认可度较低、信息不对称问题更严重的情况下，分析师跟踪能够起到更好的抑制作用。分析师跟踪一方面增加了避税行为的可见性，另一方面也提高了分析师对更透明信息的需求。

To 等（2018）发现，分析师跟踪对企业投资决策质量存在显著影响。更多的分析师关注度显著提升了企业全要素生产率。他们进一步证实了，分析师对企业全要素生产率的影响，是通过对信息透明度较低、融资约束问题较严重和投资者保护力度较弱企业的信息传播和监督作用实现的。

Chen 等（2017）研究了金融分析师对企业投资决策效率的影响。他们使用分析师预测的准确性和分散程度作为分析师专业性的替代变量，研究发现高质量的预测改善了企业投资过度和投资不足问题，说明预测质量提高了公司投资效率。他们进一步研究发现，在企业信息不对称问题更严重、机构投资者持股比例较低的情况下，这一影响更加显著。这一结论证实了分析师起到了改善企业信息环境和外部监督的作用，进而提升了企业效率。

Li 等（2018）研究了分析师跟踪如何影响中国企业的并购行为。通过使用部分并购数据，他们检验了目标企业收购后的经营绩效。他们证实，分析师通过降低企业信息不对称，在分析师追踪较多的情况下，在短期内目标企业经历了更直接和准确的价格调整。在长期内，在分析师追踪较多的情况下，目标企业在并购后有更好的经营绩效。

Chan 等（2018）基于手工搜集数据发现，当分析师持有追踪企业的股票情况下，提供了更有信息的推荐，同时在调查上市公司时也付出了更多的努力。可是，他们同样发现，在分析师持有追踪企业的股票情况下，存在更严重的乐观偏差。上述结论说明，分析师持股一方面通过传递其优先的信息，加强了其推荐的可信度；另一方面也导致了分析师在预测时存在向上的偏误。不过在分析师公布了买入建议后，有56%的分析师选择终止持有股权，这一结果暗示了分析师的研究可能存在潜在广泛的违规行为。Pacelli（2018）的研究同样认为，分析师并不一定能起到改善上市公司的公司治理作用。他从企业文化角度出发，研究了金融机构企业文化和分析师调研服务治理之间的关系。基于金融行业监管机构数据，使用金融机构在证券市场上与股票调研无关的违规行为度量金融机构文化缺陷，他发现薄弱的企业文化会导致分析师以牺牲个人投资者利益为代价，来满足机构投资者的需求。这会导致分析师的预测失准、信息含量降低，以及从机构获得更多的佣金收入。Ashour 和 Hao（2019）则发现，分析师在传递信息过程中存在明显的锚定现象，他们将行业中位数作为预测锚定而没有经过充分的调整。通过使用标准普尔的企业排序数据，他们发现在排名最差的企业，这一现象更加明显。这一结果背后的驱动力量在于分析师抑制高信贷风险企业的负面信息的方法是降低覆盖率。这一研究结论即解释了为何分析师预测存在锚定效应，也解释了为何分析师对高风险企业存在乐观偏差。

Guo 等（2019）同样基于分析师对创新的影响，得出了与国内学者不同的结论。他们基于美国上市公司数据，研究发现，金融分析师的增长导致企业缩减研发支出，收购更多的创新型企业，投资企业风险资本。他们认为，第一个行为是由于分析师的压力导致的，而其他结果是由分析师的信息角色导致的。但是，在另一方面，他们同样发现，金融分析师促使企业针对创新进行更有效率的投资，这也提升了企业未来的专利数量。

分析师作为资本市场的信息传播者，主要通过挖掘企业信息，进而起到降低企业与外界信息不对称的治理作用。因此，分析师能否准确传递企业信息，是分析师发挥公司治理作用的前提。特别是在中国这种不发达的资本市场中，分析师能否起到信息中介和外部公司治理作用，需要进一步的实证分析。对此，朱红军等（2007）研究证实，分析师的信息搜集和传播活动，确实向外界传递了公司特质信息，分析师跟踪人数较多的企业，股价同步性更低，股价信息含量更高。

储一昀和仓勇涛（2008）基于企业 IPO 这一事件，研究了分析师传递信息的准确性。他们发现，分析师很好地起到了传播上市公司 IPO 信息的作用，分析师对上市公司的定价预测与上市公司实际收盘价之间存在紧密联系，而且分析师关注度在一定程度上能够抑制股价的非理性增长。伊志宏等（2015）则发现，分析师传递上市公司信息的能力会受到分析师性别的影响。与男性分析师相比，女性分析师能够向市场提供更多的特质信息，起到更强的抑制股价同步性的作用。而且女性分析师在能力越强、工作越努力的情况下，越能够发挥更好的信息传递作用。

李春涛等（2016）认为，分析师虽然对管理者能够起到监督作用，但是这一监督作用是有限的。他们从上市公司的盈余管理角度，研究了分析师的监督作用。结果表明，在分析师跟踪人数较多的情况下，上市公司的应计盈余管理显著降低，但是作为应计盈余管理的替代，在分析师跟踪人数较多的情况下，上市公司的真实盈余管理显著升高。产生这一替代现象的原因在于，在分析师监督的压力下，上市公司将企业的应计盈余管理行为转为了真实管理行为，因为与应计盈余管理相比，真实盈余管理更加隐蔽，不易受到分析师监督。

李祎等（2016）从新《企业会计准则》实施这一事件背景，从企业权益资本成本角度，研究了分析师的信息治理效应。他们发现，新《企业会计准则》的实施提高了企业权益资本成本，分析师通过传递信息进而起到的治理作用能够降低这一负面影响，而分析师的治理作用可以由机构投资者的治理作用替代。同时，和李春涛等（2016）一样，他们同样发现分析师跟踪能够抑制企业应计盈余管理行为，从而为分析师的公司治理作用提供了进一步证据。

除了企业的盈余管理行为，分析师还起到了抑制内部人获取私利行为的重要作用。事实上，如何抑制企业内部人士不正当获取私利的行为，一直是资本市场监管中的重点，同时也是监管中的难点。而分析师对抑制内部人私利具有重要作用，在分析师跟踪人数较多的情况下，内部人获利能力显著降低。同时，分析师的监督作用需要得到良好的内部公司治理机制的支持，特别是国有持股和机构投资者持股会削弱分析师的公司治理作用（李琳和张敦力，2017）。

陈钦源等（2017）发现，分析师跟踪所起到的公司治理作用，不仅能够降低企业的代理成本，还能够促进我国实体经济发展，具体反映为分析师跟踪通过降低企业代理成本和信息不对称，提升了企业创新绩效和专利产出。

但是，分析师的跟踪也并不一定能改善上市公司的公司治理水平，例如，许年行等（2012）发现，分析师为了满足自身利益需求，倾向于发布更加乐观的分析师报告，存在明显的乐观偏差，而这种乐观偏差起到了帮助上市公司管理者隐藏负面信息的作用，加剧了上市公司股价崩盘的风险。这一负面现象在分析师面临更严重的利益冲突时更加显著。由于分析师跟踪会给管理者带来较大压力，此时管理者为了隐藏上市公司缺陷，可能采取更加激进的不当行为。例如，翟胜宝等（2016）发现，为了能够获得更好的审计意见，避免负面信息进一步扩散，上市公司在受到分析师关注度较高的情况下，有更强的动机去进行审计意见购买。特别是在分析师具有较高影响力的情况下，这一效应更加明显。

### 2.5.2 媒体监督相关文献

针对媒体报道对企业的影响。Miller（2006）研究了在会计违规过程中媒体所起到的监督作用。媒体在履行监督职能过程中，一方面扩大了其他信息中介的影响力，另一方面自身也在挖掘原创信息。原创的文章能够向市场提供新的信息，而扩大传播其他信息中介的信息没有这一作用。与媒体的双重作用一致，他们发现商务媒体更可能去挖掘原始信息而非商务媒体主要在于传播信息。进一步，他们发现企业和违规的类型对媒体追踪存在显著影响。总的来说，媒体报道的公司和违规行为会受到广泛的关注，进而降低投资者的信息获取成本。

Tetlock 等（2007）量化了华尔街日报数据，研究了媒体报道和股票市场的关系。发现较高的媒体悲观情绪预测了市场价格的向下压力，异常高或低的悲观情绪预测了更高的市场交易量。这些结果与噪声交易者和流动性交易者的理论模型一致，而与媒体信息作为企业基本资产价值新信息的替代变量不一致。

Dyck 等（2008）基于俄罗斯 1999~2002 年度企业数据，研究媒体追踪对上市公司的公司治理的影响。他们发现，投资基金游说行为增加了英美媒体对公司治理违规行为的关注。同时，英美媒体的追踪增加了公司治理违规行为改正的概率。在使用外生工具变量的情况下，这一效应依旧显著。媒体监督的治理作用一部分是通过影响企业声誉实现的，另一部分是通过强迫监管机构参与实现的。

Joe 等（2009）通过检验媒体曝光董事会的无效如何影响公司治理、投资者交易行为和证券价格，分析了媒体对经济组织行为的影响。实证结果显示，媒体释放的信息存在显著的经济影响。媒体对董事会无效行为的曝光强迫目标机构采取改正行为并增加股东财富。针对媒体曝光，个人投资者采取了消极行为，而投资公司表现得好像参与了目标企业的改正行为。

Bushee 等（2010）研究了商业媒体是否起到了信息中介的作用。通过加工、传播和创造信息，媒体改变了企业的信息环境。在盈余公告期间，更高的媒体追踪降低了信息不对称，此时传播更广泛的信息存在更大的影响。这一结果说明，在盈余公告期间，媒体关注降低了信息不对称问题。

Yang 等（2014）分析了中国民营企业上述公司贷款数据后发现，存在政治关联的企业更容易获得长期贷款。但是随着媒体监督水平增加，这一关系受到了显著削弱。在某种程度上，媒体监督起到了遏制腐败的作用。

Wang 和 Ye（2015）同时基于管理规程视角和信息中介视角，研究了媒体对企业控股股东的追踪如何影响中国企业价值。通过使用 2003～2006 年 366 家中国上市家族企业数据，发现当企业的控股股东受到媒体更加中性的评价时，企业有更高的价值；而当控股股东受到媒体负面报道时，公司价值会受到负向影响。但是，控股股东良好的媒体报道并未提升企业价值。进一步研究显示所有权结构和审计质量对上述关系存在显著影响。

Carey 等（2016）研究了媒体的乐观报道对 IPO 抑价的影响。与美国不同，澳大利亚在 IPO 之前的报道并没有严格限制。他们发现，当媒体较为乐观时，IPO 抑价相对较少。在交易第一天前受到媒体乐观报道的企业，并不存在定价过高问题。这些结果证实，乐观的媒体报道降低了信息不对称和逆向选择问题。但是，乐观的媒体报道并没有过度提升第一天的股票交易价格。

Ho 等（2016）通过使用 2000～2010 年跨国数据，研究了媒体监督是否影响了国有银行的经营绩效。研究发现，当国有银行受到较强的媒体监督时，其经营绩效和民营银行不存在显著差异；当媒体监督力量较弱时，国有银行的经营绩效显著低于民营银行。他们进一步研究发现，媒体监督能够显著影响银行的腐败行为。这一研究结论既证明了国家应当降低银行持股比例，也表明国家应当充分利用媒体力量提升国有银行的经营绩效。

Ding 等（2018）基于中国市场中，外国股票长期折价现象，研究了媒体审查的价格含义。他们推测，在中国媒体，政府会审查负面信息而促进积极信息，这导致了 A 股市场中的溢价问题，而 A 股主要是由国内投资者进行交易。他们发现，和英语媒体相比，中文媒体中积极报道与消极报道的比例显著更高。这一偏爱导致国内 A 股价格膨胀，导致同样企业发行的 B 股存在折价。他们同样证实了 B 股投资者更关注企业的负面报道，证实了媒体审查扭曲了新闻感知，在一定程度上解释了 B 股的折价现象。

李培功和沈艺峰（2010）较早基于中国数据，研究了媒体监督的公司治理作用。证实了媒体作为一种重要的外部公司治理机制，能够显著提升上市公司的公司治理水平，有效保护外部投资者权益。媒体的监督作用能够促使上市公司及时改正违规行为，而且不同性质媒体的公司治理作用之间存在显著差异。但是，他们同样证实了，在我国单纯依靠媒体并不能改善上市公司的公司治理水平，媒体的治理作用需要得到相关行政部门的配合。

戴亦一等（2011）从财务重述角度研究了媒体的治理作用。他们同样证实了媒体监督能够显著改善上市公司的公司治理水平，降低财务重述行为发生的可能。但是，对于政府行为对媒体监督的影响，他们认为，政府的行为不利于媒体发挥公司治理作用。政府的干预行为，特别是地方政府的干预行为，会削弱媒体的监督作用。戴亦一等（2013）进一步研究发现，媒体的压力能够促使上市公司更加注重审计工作，媒体监督更强的企业，更可能雇用质量更好的审计师。并且在更换审计师过程中，政府的干预同样不利于媒体发挥公司治理作用。

杨德明和赵璨（2012）研究发现，高管的薪酬是媒体监督的重点，媒体即会监督高管的天价薪酬现象，也会监督高管的零薪酬现象。他们同样认为，媒体对高管薪酬乱象的治理作用，需要得到政府部门的支持。

周开国等（2016）进一步从上市公司违规行为角度，研究媒体的公司治理作用。研究结果证实，媒体监督能够显著改善公司治理，抑制上市公司的违规行为。特别是上市公司违规频率较高的情况下，媒体能够起到更好的公司治理作用，并且媒体的公司治理作用随时间变动，存在明显的上升趋势。媒体对上市公司违规行为的治理作用，需要得到政府部门的支持。

陈克兢（2017）发现，在我国处于经济转轨时期，法律制度环境存在明显地区差异的背景下，部分地区的法律制度无法起到抑制企业盈余管理的作用，而媒体能够起到替代性的监督作用。在法治较为薄弱地区，媒体能够起到抑制上市公司盈余管理的作用。

以往研究虽然对媒体的公司治理作用进行了深入研究，但是针对媒体的治理机制，大多认为媒体通过引起政府介入，进而起到治理作用。李焰和王琳（2013）以案例的形式，分析了媒体的公司治理机制。通过对五粮液集团进行深入分析，声誉同样是媒体监督的重要作用机制。

但是，并不是所有学者都认为，媒体监督起到了改善企业公司治理水平的作用。马壮等（2018）发现，媒体监督更强的企业，反而存在更强的盈余管理行为。由于市场压力的存在，上市公司在面临媒体负面报道数量较多的情况下，会选择更多的真实盈余管理行为。但是，随着媒体负面报道数量的增加，上市公司面临的外部审计也更加严格，面临的异常审计收费也越高。

### 2.5.3 内部控制相关文献

针对内部控制的经济后果，Doyle 等（2007）研究了 705 家至少披露了一项内控缺陷的企业样本内部，应计质量和内部控制之间的关系，并且发现内控缺陷和较低的应计质量显著相关。他们进一步发现，较低的内部控制质量和较差的盈余质量的关系，是由于整个企业层面的控制缺陷导致的，而这一问题是很难通过审计解决的。

Ashbaugh – Skaife 等（2008）研究了企业内部控制缺陷披露及其补救行为对应计质量的影响。他们同样证实，与并未报告内部控制缺陷的企业相比，存在内部控制缺陷的企业，其应计噪声和非正常应计的绝对值显著更高。与对照企业相比，报告内部控制缺陷的企业，既有更多正向的非正常应计，也有更多负向的非正常应计。这一结果暗示，内部控制缺陷更可能导致无意的错误，增加应计项目的噪声，而不是有意地增加向上的偏差。在上市公司的审计师确认企业对之前报告的缺陷加以补救的情况下，企业的应计质量出现明显增加。他们发现，在内部控制审计不存在缺陷的情况下，应计盈余质量的变动趋势和内部控制质量的变动趋势一致。

Ashbaugh – Skaife 等（2009）萨班斯法案授权经理人评价和独立审计了企业内部控制效率。这项授权对企业来说是昂贵的，但是通过降低信息风险和权益资本成本，同样可以产生收益。通过使用未经审计的萨班斯法案和其披露的萨班斯法案审计意见来评估内部控制变化如何影响公司风险和权益资本成本。在控制了其他风险因素后，内部控制存在缺陷的企业存在更高的非系统性风险，内部控制效率的改变导致权益资本成本显著变化。

Altamuro 和 Beatty（2010）认为，考虑到近期发生的金融危机，内部控制管理有效性仍然是有争议的。为了回答这一争议，基于银行数据，他们研究了年报中联邦存款保险公司改进法案（FDICIA）内部控制规定的影响。他们使用双重差分模型后发现，FDICIA 授权内部控制要求增加了贷款准备金的有效性、盈余的持续性和现金流量的可预测性，降低了基准测试和会计稳健性。

Bargeron 等（2010）实证检验了，是否在采用萨班斯法案后，美国上市公司的风险承担行为显著减少。萨班斯法案的几项规定有可能抑制风险承担，包括独立董事职能的扩充、董事和管理者责任的增加及与内部控制相关的条款。在实施萨班斯法案之后，与非美国企业相比，美国企业的风险承担行为显著降低的规模受到公司特征的影响，包括萨班斯法案前的董事会结构、公司规模和研发支出。

Dhaliwal 等（2011）研究了企业债务成本和 404 条款缺陷披露之间的关系，发现内部控制缺陷披露后，企业的债务融资成本显著上升。在企业债务受到的外部监督力度较弱的情况下，这一影响更加显著。

针对内部控制的存在机理，COSO 委员会认为，内部控制是风险管理的重要组成部分，在此基础上，丁友刚和胡兴国（2007）认为，从本质出发，内部控制是企业内部风险控制机制，企业完善内部控制制度的目的在于抑制企业内部各个层级间的委托代理问题。从这一思想出发，不同学者针对内部控制与公司治理间的关系进行了深入研究。

李万福等（2011）从投资效率角度出发，研究内部控制与委托代理问题的关系。他们发现，无论是投资过度行为，还是投资不足行为，良好的内部控制制度都存在显著的抑制作用。上市公司内部控制质量越高，企业非效率投资行为越少。这一结论同样得到了后续学者的证实。方红星和金玉娜（2013）的研究同样支持了这一结果。同时他们进一步研究发现，公司治理和内部控制对企业非投资效率起到了不一样的作用，并且带有明显的分工性质。张会丽和吴有红（2014）发现，内部控制质量较高的上市公司，其现金持有的价值显著更高。一方面，较高的内部控制质量改善了企业委托代理问题，管理者较少将企业现金用于过度投资行为；另一方面，较高的内部控制质量提升了现金持有行为具有的降低经营风险的作用。

肖华和张国清（2013）认为，良好的内部控制机制能够通过改善上市公司的公司治理水平，进而提升上市公司盈余质量和公司价值。内部控制质量更好的企业，往往具有更好的盈余持续性和更高的托宾 Q 值。

韩岚岚和马元驹（2017）通过使用多种方式度量管理者自利行为发现，管理者自利行为是费用黏性产生的重要原因，而内部控制能够通过降低管理者自利行为水平，进而改善企业费用黏性较高的问题。

现有学者还发现，不仅内部控制质量高低会对企业产生显著影响，内部控制信息披露同样会对企业产生显著影响。叶康涛等（2015）发现，近年来我国大力推行的内部控制信息披露制度，能够显著抑制管理者隐藏负面信息的行为，能有效维护我国资本市场稳定运行。内部控制信息披露质量更高的企业，其股价崩盘风险显著更低。张超和刘星（2015）认为，不仅内部控制质量能够显著抑制管理者的非效率投资行为，内部控制缺陷信息披露同样能够起到改善企业投资效率的作用。在上市公司披露内部控制缺陷信息后，投资过度行为和投资不足行为均得到了显著改善。

## 2.6　对现有文献的述评

通过对在职消费领域的相关文献进行梳理发现，虽然有学者认为在职消费的存在机理是复杂的，单纯将在职消费作为一种代理成本可能会产生一定偏误。但是，多数研究结论还是支持了在职消费是企业的一种代理成本，当在职消费规模超出企业正常水准，构成超额在职消费后，则主要成为了管理者谋取私利的工具。针对在职消费的影响因素，当前学者从上市公司内外部公司治理机制角度进行了深入研究，但是缺少相关企业行为对自身在职消费的影响的深入研究。同时，通过梳理传染效应的相关文献发现，企业在经营过程中，或者主动或者被动地建立了多种形式的网络关系，企业行为除受到自身内外部环境影响外，同样会受到关联企业的影响。在这种情况下，关联企业的在职消费行为很可能对企业自身带来影响。但是，尚未有文献对这一问题进行深入研究。

通过梳理传染效应的相关文献发现，现有学者针对企业间的传染效应进行了深入研究，但是主要基于行业间的传染效应和债务网络间的传染效应，对于同一实际控制人控股企业间的传染效应关注较少，并且主要集中于企业经营层面，而没有将这一背景下的传染效应扩展到公司治理层面。

通过梳理实际控制人治理的相关文献发现，外国学者针对控股股东和实际控制人对公司治理的影响进行了深入研究，而国内文献对此关注较少。并且当前学者更多关注实际控制人性质和直接对董事会的参与对公司治理水平的影响。但是，考虑到实际控制人自身能力和精力限制，在控股企业数量较多的情况下，可能导致实际控制人监督作用下降。但是，尚未有学者从控股上市公司数量角度，深入研究实际控制人的治理作用，特别是对在职消费行为和股利分配行为进行深入研究。

# 3

## 实际控制人控股多家
## 上市公司与超额在职消费

### 3.1 引言

在我国，推动国有企业集团化建设，成立大批跨地区、跨行业乃至跨国家的企业集团，是国企改革的重要组成部分（李有荣，1994）。这些国有大型企业集团为了更好地利用自身规模优势，持续推动下属子公司上市，形成了一家国有大型集团同时控制多家上市公司的特殊情况。例如，截至 2015 年底，中国化工集团同时控制着沙隆达（000553）、沈阳化工（000698）等多家上市公司。同时，随着我国民营企业规模不断壮大，涌现出如"复星系""海航系"等同时控制着多家上市公司的民营企业集团。现有文献证实，同时控股多家上市公司，能够有效缓解企业融资约束、降低企业经营风险（He et al.，2013）。但是，随着控股上市公司数量的增加，对上市公司的管理也更加复杂。在这种背景下，实际控制人同时控制多家上市公司，可能导致上市公司管理层的自利行为出现变化。但是，尚未有文献针对这一背景下的管理层自利行为进行深入研究。因此，本书试图将实际控制人同时控制多家上市公司作为本书主要研究视角，研究这种背景下管理者的超额在职消费行为是否与其他上市公司存在差异。

管理层从企业获得的收益，既包括年薪、奖金等货币性薪酬，也包括在职消费等非货币性薪酬。其中，在职消费包括独立豪华的办公条件、舒适的出行条件以及免费的餐饮、娱乐活动等（张铁铸和沙曼，2014）。当前学者，针对在职消费的存在机理，存在两种互相对立的观点——激励观和代理观。支持激励观的学者认为，在职消费属于企业给予管理者的一种隐性激励，能够对管理者起到正面激励作用。例如，有学者证实在职消费能够提升企业效率和未来资产的回报（Rajan and Wulf, 2006；Adithipyangkul et al., 2011）。支持代理观的学者认为，在职消费属于一种企业代理成本，会给企业带来负面影响（Hart, 2001）。Yermack（2006）研究发现，当上市公司披露企业 CEO 拥有使用专机的特权时，市场对这一事件存在明显的负面反应。进一步地，有学者对在职消费和企业业绩的关系进行了实证检验，结果表明，我国上市公司管理者在职消费水平越高，企业业绩越低（罗宏和黄文华，2008；冯根福和赵珏航，2012）。还有学者发现，企业管理者为享受超额在职消费会隐藏公司负面信息，导致企业股价崩盘风险上升（Xu et al., 2014）。对于上述分歧，耿云江和王明晓（2016）指出，在职消费是否伤害企业价值，关键在于管理者的在职消费水平是否合理。当管理者在职消费水平超出正常水平，构成超额在职消费时，便成为企业代理成本的一部分。超额在职消费会降低企业的货币薪酬业绩敏感性，伤害企业价值。

当前学者认为，实际控制人能够对高管起到明显的监督作用，实际控制人监督力度越大，公司治理水平越高。例如，有学者发现，实际控制人直接任职上市公司薪酬管理委员会能够显著提升公司治理水平（林乐等，2013），此时上市公司对管理层的激励更加有效，管理层的薪酬业绩敏感性存在显著提升。进一步，叶继英和张敦力（2014）证实，控股股东持股比例较高时，管理层在股权激励过程中的自利行为受到一定抑制；窦欢等（2014）证实，控股股东监督力度较强时，上市公司的过度投资行为受到显著抑制；孙光国和孙瑞琦（2018）证实，控股股东通过直接委派执行董事，降低了上市公司的盈余管理水平，提升了上市公司管理层的薪酬业绩敏感性。进一步，Kang 等（2017）发现，实际控制人对上市公司的关注，对于发挥实际控制人的监督作用，降低企业委托代理问题，起到重要作用。但是，实际控制人对上市公司的关注是有限的，当实际控制人同时控股多家上市公司时，管理上市公司难度加大，对单一上市公司投入的关注降低，对高管的监管力度下降，最终导致上市公司委托代理问题更加严重。此时，高管有更强的动机和能力进行超额在职消费。因此本书认为，与其他企业相比，当上市公司所属实际控制人同时控股多家上市公司时，很可能会表现出更高的超额在职消费水平。

基于上述分析，本书以 2007～2015 年中国 A 股上市公司为研究样本，参考现有研究，定义实际控制人同时控制两家及以上上市公司时，为控股多家上市公司（He et al.，2013；Buchuk et al.，2014；蔡卫星等，2015；纳鹏杰等，2017），实证检验控股多家上市公司与超额在职消费之间的关系。本书依据年报披露控制图，手工搜集上市公司所属实际控制人。研究发现，上市公司所属实际控制人控股多家上市公司时，其超额在职消费水平更高。进一步地，我们发现产权性质、媒体监督和分析师关注度会对控股多家上市公司和超额在职消费间的关系产生显著影响。

本章的贡献主要体现在以下三点：第一，丰富了超额在职消费影响因素的相关研究。现有关于企业超额在职消费影响因素的研究主要基于公司治理视角，探究良好的公司治理机制是否能够抑制企业的超额在职消费水平（陈仕华等，2014；翟胜宝等，2015），但现有文献忽视了实际控制人监督对超额在职消费的影响，本书弥补了这一空白。第二，丰富了实际控制人监督的相关研究。针对实际控制人的监督作用，学者们已经做出了一定研究（林乐等，2013；窦欢等，2014；孙光国和孙瑞琦，2018），但是尚未有文献研究实际控制人控股上市公司数量对公司代理成本的影响。本书关注了实际控制人控股上市公司数量与管理层自利行为的关系，发现不同背景下的企业会表现出超额在职消费水平的差异，丰富了实际控制人监督作用的研究。第三，丰富了产权性质、媒体监督和分析师关注领域的相关研究。本书证实了，良好的媒体监督和分析师关注能够抑制控股多家上市公司背景下的高管超额在职消费行为；当上市公司实际控制人为自然人时，控股多家上市公司不会影响超额在职消费水平。进一步验证了良好的公司治理机制对于企业超额在职消费的抑制作用。

## 3.2  理论分析与假设提出

实际控制人作为上市公司的最终所有者，对上市公司存在重大影响。现有文献证实，实际控制人的监督作用，能够有效提升企业的治理水平，降低管理层的自利行为（林乐等，2013；叶继英和张敦力，2014；窦欢等，2014；孙光国和孙瑞琦，2018）。相对于美国等发达资本市场，我国资本市场并未对同时控股多家上市公司做出限制，部分企业集团为充分利用自身规模优势，扩大融资能力，纷纷推动下属子公司上市，形成了同一实际控制人同时控股多家上市公司的特殊情况。这种特殊情况，能够有效缓解企业融资约束、降低企业经营风险（He et al.，2013）。但是，随着实际控制人控股上市公司数量增加，对上市公司的管理也更加复杂。有限关注理论认为，个体对某一事物的关注是一种稀缺的资源，个体对特定事物的关注是以减少对其他事物的关注为代价的（Kahneman，1973）。进一步，现有学者证实，实际控制人对上市公司的关注同样是一项稀缺的资源，在实际控制人对上市公司的关注程度较高的情况下，能够起到更好的监督作用，降低企业代理成本，提升企业价值（Kang et al.，2017）。由于实际控制人对上市公司的关注是有限的，当实际控制人同时控股多家上市公司时，管理上市公司难度加大。并且由于需要关注的上市公司数量增加，必然导致实际控制人对单一上市公司的关注程度降低，对高管的监管力度下降，最终导致上市公司委托代理问题更加严重。此时，公司高管拥有更大的寻租空间，高管为满足自身利益最大化，倾向于进行更多的自利行为，而超额在职消费行为便是一个较为合适的选择。这主要是因为，与工资、奖金和股权激励等显性薪酬相比，在职消费行为存在天然的隐蔽性（廖歆欣和刘运国，2016）：一方面，在职消费行为往往存在于企业的日常经营活动中，股东进行监督的成本较高；另一方面，在职消费的行为以及规模也并不会向外界进行详细披露，社会公众难以对其进行有效监督。

综上所述，本书认为，同时控股多家上市公司，导致实际控制人对上市公司高管的关注和监督力度下降，高管拥有更大的寻租空间，存在更多的自利行为。不正当的在职消费行为具有天然的隐蔽性，可能成为这种背景下企业高管满足私人利益的主要渠道。此时，当企业管理层将大量企业资源用于不正当在职消费时，公司在职消费水平显著提升，超出正常在职消费水平，进而构成超额在职消费。据此，提出假设1：

假设1：当上市公司所属实际控制人同时控制多家上市公司时，相对于其他上市公司，管理层超额在职消费规模更高。

## 3.3 研究设计

### 3.3.1 研究样本选择

本书使用2007~2015年A股上市公司样本进行实证研究，按照以下标准对样本进行筛选：①剔除金融业样本；②其他变量存在缺失的样本，最终得到2007~2015年共计17332个观测值。本书所需财务数据全部来源于国泰安数据库（CSMAR），媒体数据来源于中国研究数据服务平台（CNRDS）。为剔除极端值的影响，对所有连续变量在1%水平进行Winsorize处理。

### 3.3.2 变量定义

(1) 控股多家上市公司。我国 A 股上市公司普遍存在特定实际控制人，本书实际控制人数据依靠上市公司年报中披露的控制图进行手工搜集。国有企业的实际控制人，为控制图中距离各级政府、各级国资委和高校等最近的经济实体，民营企业的实际控制人为实际控制上市公司的自然人。参考现有文献，定义当存在同一实际控制人在某一年度同时控制两家及以上上市公司时，上市公司属于实际控制人同时控制多家上市公司，此时 Group 取值为 1，否则 Group 取值为 0 (He et al.，2013；蔡卫星等，2015)。

(2) 超额在职消费。我们参考 Luo 等 (2011) 和权小锋等 (2010) 的方法，首先将管理费用扣除董事、高管、监事薪酬和无形资产摊销等明显不属于在职消费项目后的剩余金额，计算出企业在职消费总规模 (Perk)，超额在职消费即等于在职消费总额与由经济因素决定的预期正常在职消费之间的差额。计算公式如下：

$$\frac{\text{Perk}_t}{\text{Asset}_{t-1}} = \beta_0 + \beta_1 \frac{1}{\text{Asset}_{t-1}} + \beta_2 \frac{\Delta \text{Sale}_t}{\text{Asset}_{t-1}} + \beta_3 \frac{\text{PPE}_t}{\text{Asset}_{t-1}} + \beta_4 \frac{\text{Inventory}_t}{\text{Asset}_{t-1}} +$$

$$\beta_5 \text{LnEmployee}_t + \varepsilon \tag{3-1}$$

式中，$\text{Perk}_t$ 表示企业在职消费，为管理费用扣除董事、高管、监事薪酬和无形资产摊销等明显不属于在职消费项目后剩余的金额；$\text{Asset}_{t-1}$ 为企业上期总资产；$\Delta \text{Sale}_t$ 为主营业务收入变动额；$\text{PPE}_t$ 为本期固定资产净值；$\text{Inventory}_t$ 为本期存货总额；$\text{LnEmployee}_t$ 为企业员工企业自然对数。按年度行业对样本进行回归分析，回归所得因变量预测值表示企业正常在职消费规模，实际在职消费与正常在职消费的差额表示企业超额在职消费 (Abperk)。

(3) 其他变量。根据以往文献，本书从企业基本特征和公司治理特征两方面，选取了模型中相关控制变量 (张铁铸、沙曼，2014；薛健等，2017)。企业基本特征方面包括企业规模、盈利能力和偿债能力，公司治理特征方面包括股权集中度、机构投资者持股、高管薪酬、董事会规模和独立董事比例。此外，加入年度哑变量和行业哑变量，以分别控制年度和行业固定效应。具体定义如表 3 – 1 所示。

表 3 – 1　变量定义

| | 变量名称 | 符号 | 变量定义 |
|---|---|---|---|
| 被解释变量 | 超额在职消费 | Abperk | 根据 Luo 等（2011）和权小锋等（2010）的模型进行估计 |
| 解释变量 | 控股多家上市公司 | Group | 如前文所述 |
| 控制变量 | 企业规模 | Size | 总资产对数 |
| | 盈利能力 | Roa | 总资产收益率 |
| | 偿债能力 | Lev | 资产负债率 |
| | 股权集中度 | Sharefocus | 第一大股东持股数量/第二至第十大股东持股数量之和 |
| | 机构投资者持股 | Insitition | 机构投资者持股比例 |
| | 高管薪酬 | Salary | 高管前三位薪酬对数 |
| | 董事会规模 | Board | 董事人数 |
| | 独立董事比例 | Ind | 独立董事人数除以董事人数 |

### 3.3.3　实证模型

为检验假设 1，本书参考以往研究建立模型（3 – 2）（权小锋等，2010；Luo et al.，2011），如果假设 1 成立，$\beta_1$ 应当显著为正。

$$Abperk_{i,t} = \beta_0 + \beta_1 Group_{i,t} + \beta_2 Size_{i,t} + \beta_3 Roa_{i,t} + \beta_4 Lev_{i,t} + \beta_5 Sharefocus_{i,t} +$$

$$\beta_6 Insitition_{i,t} + \beta_7 Salary_{i,t} + \beta_8 Board_{i,t} + \beta_9 Ind_{i,t} + Industry + Year +$$

$$\varepsilon_{i,t}$$

$$(3 – 2)$$

# 3.4 实证结果分析

### 3.4.1 描述性统计分析

表 3 - 2 报告了样本主要变量描述统计情况。分析可得，超额在职消费（Abperk）均值（中位数）为 -0.0003（-0.003），较多企业实际在职消费水平小于预期在职消费水平，标准差为 0.030，说明不同企业间超额在职消费水平存在明显差异。控股多家上市公司（Group）均值（中位数）为 0.268（0.000），说明上市公司所属实际控制人控股多家上市公司的样本数量相对较少。

表 3 - 2 主要变量描述性统计

| 变量 | 样本数 | 均值 | 中位数 | 标准差 | 最小值 | 最大值 |
|---|---|---|---|---|---|---|
| Abperk | 17332 | -0.0003 | -0.003 | 0.030 | -0.078 | 0.116 |
| Group | 17332 | 0.268 | 0.000 | 0.443 | 0.000 | 1.000 |
| Size | 17332 | 21.846 | 21.705 | 1.282 | 18.963 | 25.735 |
| Roa | 17332 | 0.035 | 0.034 | 0.062 | -0.248 | 0.220 |
| Lev | 17332 | 0.470 | 0.467 | 0.231 | 0.049 | 1.262 |
| Sharefocus | 17332 | 3.755 | 1.733 | 5.223 | 0.282 | 30.667 |
| Insititution | 17332 | 36.367 | 35.665 | 23.712 | 0.000 | 87.180 |
| Salary | 17332 | 13.962 | 13.983 | 0.755 | 11.969 | 15.893 |
| Board | 17332 | 8.889 | 9.000 | 1.803 | 3.000 | 18.000 |
| Ind | 17332 | 0.370 | 0.333 | 0.052 | 0.300 | 0.571 |

表 3 - 3 是本书主要变量的相关性分析，结果显示，控股多家上市公司（Group）和管理者超额在职消费（Abperk）之间正相关，该结果初步表明，当上市公司所属实际控制人同时控股多家上市公司时，管理者超额在职消费水平更

高。分析主要变量之间的相关系数可得，各变量之间相关系数比较小，说明模型设定效果较好。

表 3 - 3　主要变量相关性分析

| | Abperk | Group | Size | Roa | Lev | Sharefocus | Insititution | Salary | Board | Ind |
|---|---|---|---|---|---|---|---|---|---|---|
| Abperk | 1. 000 | | | | | | | | | |
| Group | 0. 018 | 1. 000 | | | | | | | | |
| Size | − 0. 139 | 0. 225 | 1. 000 | | | | | | | |
| Roa | 0. 113 | − 0. 064 | 0. 063 | 1. 000 | | | | | | |
| Lev | − 0. 094 | 0. 167 | 0. 303 | − 0. 383 | 1. 000 | | | | | |
| Sharefocus | − 0. 042 | 0. 136 | 0. 147 | − 0. 074 | 0. 111 | 1. 000 | | | | |
| Insititution | 0. 022 | 0. 185 | 0. 423 | 0. 152 | 0. 076 | 0. 061 | 1. 000 | | | |
| Salary | 0. 131 | 0. 064 | 0. 475 | 0. 261 | − 0. 063 | − 0. 068 | 0. 323 | 1. 000 | | |
| Board | − 0. 020 | 0. 126 | 0. 285 | 0. 015 | 0. 129 | 0. 013 | 0. 156 | 0. 116 | 1. 000 | |
| Ind | − 0. 018 | − 0. 053 | 0. 024 | − 0. 017 | − 0. 015 | 0. 014 | − 0. 023 | 0. 020 | − 0. 394 | 1. 000 |

本书按照 Group 取值将样本分为两组进行单变量检验，表 3 - 4 是检验结果。当上市公司所属实际控制人同时控股多家上市公司时，其超额在职消费的均值和中位数均高于其他上市公司，且均值的差异在 5% 水平上显著，中位数的差异在 1% 水平上显著。

表 3 - 4　单变量参数检验

| | 均值 | 中位数 | | 均值 | 中位数 | T 检验 | Z 检验 |
|---|---|---|---|---|---|---|---|
| Group = 0 | − 0. 001 | − 0. 004 | Group = 1 | 0. 001 | − 0. 002 | − 2. 34 ** | − 3. 62 *** |

注：*、**、*** 分别表示在 10% 、5% 、1% 水平上显著。

### 3.4.2　多元回归结果与分析

表 3 - 5 报告了模型（2）的回归结果。其中，回归（1）中，在控制上市公

司基本特征和年度、行业固定效应的情况下，控股多家上市公司（Group）的系数为0.005，在1%水平上显著；回归（2）中，我们进一步控制上市公司治理特征后，控股多家上市公司（Group）的系数为0.004，在1%水平上显著。综上，控股多家上市公司与管理者超额在职消费规模呈正相关关系，说明当上市公司所属实际控制人同时控股多家上市公司时，管理者超额在职消费规模更大，支持了假设1。

表3-5　控股多家上市公司与超额在职消费

| | （1） | （2） |
|---|---|---|
| Group | 0.005*** | 0.004*** |
| | (4.30) | (3.80) |
| Size | -0.004*** | -0.008*** |
| | (-10.16) | (-16.58) |
| Roa | 0.063*** | 0.035*** |
| | (8.00) | (4.79) |
| Lev | -0.001 | 0.002 |
| | (-0.65) | (0.78) |
| Sharefocus | | 0.000 |
| | | (0.43) |
| Insititution | | 0.000*** |
| | | (3.50) |
| Salary | | 0.010*** |
| | | (14.90) |
| Board | | 0.000 |
| | | (0.59) |
| Ind | | -0.002 |
| | | (-0.24) |

续表

| | （1） | （2） |
|---|---|---|
| Constant | 0.092*** | 0.024** |
| | （10.18） | （2.18） |
| INDUSTRY | YES | YES |
| YEAR | YES | YES |
| N | 17332 | 17332 |
| Adj_ $R^2$ | 0.0422 | 0.0867 |

注：*、**、***分别表示在10%、5%、1%水平上显著。

# 3.5 进一步研究

## 3.5.1 产权性质的影响

研究证实，在实际控制人同时控股多家上市公司的情况下，由于实际控制人监督作用下降，导致上市公司管理者有更强的能力进行寻租行为，管理者超额在职消费水平显著升高。为进一步证实上述影响路径的存在，本书从产权性质角度，分析控股多家上市公司是否通过影响实际控制人的监督作用，进而影响到管理者的超额在职消费水平。

本书认为，上市公司产权性质主要通过以下路径，影响控股多家上市公司与超额在职消费水平间的关系。第一，私有产权激励理论认为，私人占有的公司资产具有天然的排他性，这种排他性保证了资产所有者的未来收益不被他人侵占，能够激励所有者关心公司资产，监督与约束公司代理人（刘芍佳和李骥，1998；刘磊等，2004）。相对而言，国有公司存在"所有者缺失"现象，国有上市公司的实际控制人是上级公司，而非上市公司的所有者，此时国有上市公司的实际控制人对下属公司的监督作用，要小于民营上市公司实际控制人，存在明显的治理失效问题（刘磊等，2004）。因此，当国有企业实际控制人同时控股多家上市公司时，会使本身较为薄弱的监督作用受到进一步削弱，管理者超额在职消费水平进一步提升。第二，与民营企业相比，国有企业限薪令的存在，使在职消费成为国有企业管理人员的替代性选择（陈冬华等，2005；张楠和卢洪友，2017），当实际控制人同时控股多家上市公司，导致实际控制人监督职能受到削弱时，国有企业管理者更可能将超额在职消费作为满足自身利益的主要途径。上述路径的存在，使当上市公司为国有企业的情况下，实际控制人的监督职能被进一步削弱，管理者有更强的动机和能力进行超额在职消费行为，超额在职消费水平进一步提升。基于上述分析，本书从产权性质角度，将样本分为民营企业样本和国有企业样本，实证检验控股多家上市公司是否通过影响实际控制人监督职能，进而影响管理者超额在职消费行为。表3-6报告回归结果表明，在民营企业样本，控股多家上市公司（Group）系数为0.002，并且不显著；在国有企业样本，控股多家上市公司（Group）系数为0.004，在1%水平上显著，这说明实际控制人同时控股多家上市公司对超额在职消费的影响，主要发生在国有企业。

表3-6　控股多家上市公司与超额在职消费——产权性质影响

|  | 民营企业<br>（1） | 国有企业<br>（2） |
| --- | --- | --- |
| Group | 0.002<br>（1.16） | 0.004***<br>（3.34） |
| Size | -0.008***<br>（-12.02） | -0.008***<br>（-11.79） |
| Roa | 0.040***<br>（3.70） | 0.035***<br>（3.60） |

续表

|  | 民营企业<br>（1） | 国有企业<br>（2） |
|---|---|---|
| Lev | 0.004 | − 0.001 |
|  | (1.27) | ( − 0.24) |
| Sharefocus | − 0.000 *** | 0.000 |
|  | ( − 2.83) | (0.70) |
| Insititution | 0.000 ** | 0.000 ** |
|  | (2.06) | (2.43) |
| Salary | 0.013 *** | 0.007 *** |
|  | (13.70) | (7.78) |
| Board | 0.000 | − 0.000 |
|  | (0.58) | ( − 0.09) |
| Ind | − 0.004 | 0.003 |
|  | ( − 0.35) | (0.22) |
| Constant | − 0.009 | 0.061 *** |
|  | ( − 0.59) | (4.16) |
| INDUSTRY | YES | YES |
| YEAR | YES | YES |
| N | 8757 | 8575 |
| Adj_ $R^2$ | 0.099 | 0.090 |

注：＊、＊＊、＊＊＊分别表示在10%、5%、1%水平上显著。

### 3.5.2　媒体监督的影响

前文从企业产权性质角度，证实实际控制人同时控股多家上市公司是通过影响实际控制人监督职能，进一步影响管理者超额在职消费行为的。随后，本书试图从上市公司外部治理角度，证实上述影响路径的存在。媒体治理理论认为，媒体是新兴市场上一项重要的制度安排，能够制止企业内部侵害投资者权益的行为（Dyck et al.，2008）。本书认为，媒体监督对控股多家上市公司与管理者超额在职消费行为的影响，主要通过以下路径实现：一方面，现有文献证实，媒体是一种有效的信息媒介（Miller，2006），通过对信息的收集、加工和传播，起到降低股东与管理者之间的信息不对称的作用（耿云江和王明晓，2016）。因此，当媒体监督水平较高时，上市公司管理者与实际控制人间的信息不对称问题得到缓解，管理者提升超额在职消费的能力受到抑制。另一方面，媒体监督水平较高时，管理者更可能因不当行为而受到惩罚（Dyck et al.，2008），严重时，甚至会引起司法部门的介入（李培功和沈艺峰，2010）。媒体监督能够对上市公司管理者起到震慑作用，使其不敢提升超额在职消费。上述路径的存在，使媒体监督能够实现对实际控制人监督职能的有效替代，在媒体监督水平较高的情况下，实际控制人监督作用下降引起的负面作用受到抑制。基于上述分析，本书从媒体监督角度，实证检验控股多家上市公司是否通过影响实际控制人监督职能，进而影响管理者超额在职消费行为。

本书媒体报道数据来自 CNRDS 数据库，参考 Core 等（2008）的研究，使用上市公司负面报道作为媒体监督的代理变量。定义：当负面报道水平高于行业一年度均值时，为媒体监督较强组；当负面报道水平低于行业一年度均值时，为媒体监督较弱组。然后进行分组回归，表 3-7 报告的回归结果表明，在媒体监督水平较低组，控股多家上市公司（Group）系数为 0.006，在 1% 水平上显著；在媒体监督较强组，控股多家上市公司（Group）系数为 0.002，在 10% 水平上显著。组间系数差异 SUR 检验在 5% 水平上显著。该结果说明当上市公司媒体监督水平较高时，控股多家上市公司对管理者超额在职消费行为的负面影响受到抑制。

### 3.5.3 分析师关注度的影响

前文从媒体角度研究上市公司外部治理机制是否影响控股多家上市公司与超额在职消费水平间的关系，进而证实控股多家上市公司是否通过影响实际控制人监督职能，进而影响管理者超额在职消费行为。当前学者认为，除媒体外，分析

表 3 - 7　控股多家上市公司与超额在职消费——媒体监督影响

| | 媒体监督水平较弱 (1) | 媒体监督水平较强 (2) |
|---|---|---|
| Group | 0. 006 *** | 0. 002 * |
| | (4. 58) | (1. 73) |
| Size | − 0. 007 *** | − 0. 009 *** |
| | ( − 10. 29) | ( − 14. 56) |
| Roa | 0. 036 *** | 0. 035 *** |
| | (3. 73) | (3. 75) |
| Lev | 0. 002 | 0. 001 |
| | (0. 60) | (0. 33) |
| Sharefocus | 0. 000 | − 0. 000 |
| | (1. 26) | ( − 0. 58) |
| Insititution | 0. 000 * | 0. 000 *** |
| | (1. 79) | (3. 43) |
| Salary | 0. 010 *** | 0. 010 *** |
| | (13. 17) | (11. 02) |
| Board | 0. 000 | 0. 000 |
| | (0. 83) | (0. 36) |
| Ind | − 0. 010 | 0. 009 |
| | ( − 1. 01) | (0. 86) |
| Constant | − 0. 003 | 0. 042 ** |
| | ( − 0. 25) | (2. 96) |
| INDUSTRY | YES | YES |
| YEAR | YES | YES |
| N | 9033 | 8260 |
| Adj_ $R^2$ | 0. 076 | 0. 103 |
| P – VALUE | 0. 023 | |

注：*、**、***分别表示在10%、5%、1%水平上显著。

师同样是我国资本市场重要的参与者和组成部分（许年行等，2012）。在资本市场中，分析师不仅是重要的信息中介，同时也是重要的外部治理机制（Du，

2014）。例如，现有文献证实，较高的分析师关注度能够有效降低企业盈余管理行为（Sun，2009），并且这一结论同样得到了中国数据的支持（吴武清和万嘉澄，2018）。现有文献进一步证实，分析师关注与其他公司治理机制之间存在显著的相互替代效应（杜兴强和谭雪，2017），分析师关注度负向调节了国际化董事会与股利支付行为间的正相关关系，当上市公司分析师关注度较高时，国际化董事会通过提高发放现金股利的方式向外界传递公司信息的动机下降。本书认为，分析师关注对控股多家上市公司与管理者超额在职消费行为的影响，主要通过以下路径实现。一方面，分析师作为资本市场上一种重要的信息中介，能够起到改善企业外部信息环境，降低企业信息不对称的作用（张纯和吕伟，2009）。当上市公司分析师关注度较高时，上市公司管理者与实际控制人间的信息不对称问题得到缓解，管理者提升超额在职消费的能力受到抑制。另一方面，分析师本身同样可以起到监督上市公司管理者的作用（Sun and Liu，2011），进而抑制管理者的超额在职消费行为。上述路径的存在，使分析师能够实现对实际控制人监督职能的有效替代，在分析师关注度较高的情况下，实际控制人监督作用下降引起的负面作用受到抑制。基于上述分析，本书从分析师关注度角度，实证检验控股多家上市公司是否通过影响实际控制人监督职能，进而影响管理者超额在职消费行为。

本书参考现有文献，定义分析师关注度为跟踪该上市公司的分析师人数（Yu，2008；杜兴强和谭雪，2017）。定义：当分析师关注度高于行业—年度均值时，为分析师关注度较高组；当分析师关注度低于行业—年度均值时，为分析师关注度较低组，然后进行分组回归，表3-8报告的回归结果表明，在分析师关注度较低组，控股多家上市公司（Group）系数为0.005，在1%水平上显著；在分析师关注度较高组，控股多家上市公司（Group）系数为0.002，并且不显著。该结果说明当上市公司分析师关注度较高时，控股多家上市公司对管理者超额在职消费行为的负面影响受到抑制。

表3-8 控股多家上市公司与超额在职消费——分析师关注度影响

|  | 分析师关注度较低<br>（1） | 分析师关注度较高<br>（2） |
|---|---|---|
| Group | 0.005 *** | 0.002 |
|  | (4.52) | (1.41) |
| Size | -0.007 *** | -0.009 *** |
|  | (-12.91) | (-10.06) |
| Roa | 0.005 | 0.108 *** |
|  | (0.68) | (6.28) |
| Lev | 0.002 | 0.005 |
|  | (1.00) | (0.97) |
| Sharefocus | 0.000 | 0.000 |
|  | (0.36) | (0.64) |
| Insititution | 0.000 * | 0.000 ** |
|  | (1.77) | (2.39) |
| Salary | 0.009 *** | 0.010 *** |
|  | (12.75) | (8.63) |
| Board | -0.000 | 0.001 |
|  | (-0.19) | (1.33) |
| Ind | -0.015 * | 0.020 |
|  | (-1.70) | (1.44) |
| Constant | 0.029 ** | 0.028 |
|  | (2.25) | (1.52) |
| INDUSTRY | YES | YES |
| YEAR | YES | YES |
| N | 11189 | 6142 |
| Adj_ $R^2$ | 0.0706 | 0.141 |

注：*、**、***分别表示在10%、5%、1%水平上显著。

进一步，为使研究结论更加稳健，本书重新定义分析师关注度，使用上市公司被出具研报数量作为分析师关注度的替代变量，重新分组并进行回归分析。表3-9报告的回归结果表明，在分析师关注度较低组，控股多家上市公司

（Group）系数为 0.005，在 1% 水平上显著；在分析师关注度较高组，控股多家上市公司（Group）系数为 0.002，并且不显著。该结果说明分析师关注度对控股多家上市公司与管理者超额在职消费关系的影响是稳健的。

表 3 – 9　重新定义分析师关注度

| | 分析师关注度较低 (1) | 分析师关注度较高 (2) |
|---|---|---|
| Group | 0.005 *** | 0.002 |
| | (4.61) | (1.24) |
| Size | − 0.007 *** | − 0.009 *** |
| | ( − 13.14) | ( − 9.76) |
| Roa | 0.005 | 0.120 *** |
| | (0.62) | (6.61) |
| Lev | 0.002 | 0.005 |
| | (0.93) | (0.91) |
| Sharefocus | 0.000 | 0.000 |
| | (0.48) | (0.26) |
| Insititution | 0.000 * | 0.000 ** |
| | (1.81) | (2.28) |
| Salary | 0.010 *** | 0.010 *** |
| | (13.21) | (8.12) |
| Board | − 0.000 | 0.001 |
| | ( − 0.08) | (1.34) |
| Ind | − 0.006 | 0.009 |
| | ( − 0.68) | (0.61) |
| Constant | 0.022 * | 0.034 * |
| | (1.76) | (1.76) |
| INDUSTRY | YES | YES |
| YEAR | YES | YES |
| N | 11709 | 5622 |
| Adj_ $R^2$ | 0.0701 | 0.149 |

注：*、**、***分别表示在 10%、5%、1% 水平上显著。

# 3.6 稳健性检验

## 3.6.1 变更控股多家上市公司变量定义

根据前文定义，当实际控制人同时控股多家上市公司时，Group 取值为 1，否则 Group 取值为 0，以此作为解释变量，实证检验实际控制人同时控股多家上市公司对管理者超额在职消费行为的影响。为使回归结果更加稳健，本文重新定义控股多家上市公司，定义当实际控制人同时控股两家及以上上市公司时，Group 取值为实际控制人同时控股上市公司数量，否则 Group 取值为 1，并重新进行回归分析。表 3 – 10 报告的回归结果表明，回归（1）中，控股多家上市公司（Group）系数为 0.001，在 1% 水平上显著。这一结果说明，在变更控股多家上市公司变量定义后，控股多家上市公司与管理者超额在职消费显著正相关，证实本书研究结论是稳健的。

表 3 – 10　重新定义控股多家上市公司变量

|  | (1) |
| --- | --- |
| Group | 0.001 *** |
|  | (3.61) |
| Size | – 0.008 *** |
|  | ( – 16.40) |
| Roa | 0.035 *** |
|  | (4.76) |
| Lev | 0.002 |
|  | (0.90) |

续表

| | （1） |
|---|---|
| Sharefocus | 0. 000 |
| | （0. 62） |
| Insititution | 0. 000 *** |
| | （3. 64） |
| Salary | 0. 010 *** |
| | （14. 83） |
| Board | 0. 000 |
| | （0. 50） |
| Ind | − 0. 001 |
| | （ − 0. 18） |
| Constant | 0. 021 * |
| | （1. 96） |
| INDUSTRY | YES |
| YEAR | YES |
| N | 17332 |
| Adj_ R² | 0. 0868 |

注： * 、 ** 、 *** 分别表示在 10% 、5% 、1% 水平上显著。

### 3.6.2　变更研究样本

之前本书使用 2007 ~ 2015 年 A 股上市公司样本进行实证研究。为使研究结论更加稳健，在此本书针对上市公司所属实际控制人同时控股两家及以上上市公司的样本，定义 Group 取值为实际控制人同时控股上市公司数量，重新进行实证研究，表 3 - 11 报告的回归结果表明，回归（1）中，控股多家上市公司（Group）系数为 0.0005，在 10% 水平上显著。这一结果说明，在变更本书的研究样本后，控股多家上市公司与管理者超额在职消费显著正相关，证实本书的研究结论是稳健的。

表 3 - 11　变更研究样本

|  | （1） |
|---|---|
| Group | 0. 0005 * |
|  | （1. 91） |
| Size | - 0. 008 *** |
|  | （ - 8. 75） |
| Roa | 0. 035 *** |
|  | （2. 66） |
| Lev | - 0. 001 |
|  | （ - 0. 14） |
| Sharefocus | 0. 000 |
|  | （0. 28） |
| Insititution | 0. 000 * |
|  | （1. 77） |
| Salary | 0. 007 *** |
|  | （5. 76） |
| Board | - 0. 000 |
|  | （ - 0. 26） |
| Ind | - 0. 001 |
|  | （ - 0. 10） |
| Constant | 0. 066,*** |
|  | （3. 37） |
| INDUSTRY | YES |
| YEAR | YES |
| N | 4650 |
| Adj_ $R^2$ | 0. 0893 |

注：*、**、***分别表示在 10%、5%、1% 水平上显著。

### 3. 6. 3　剔除无实际控制人样本

之前本书使用 2007～2015 年 A 股上市公司样本，定义当实际控制人同时控股多家上市公司时，Group 取值为 1，否则 Group 取值为 0，并进行实证研究。据本书统计，我国上市公司股权集中度相对较高，多数上市公司均存在特定实际控制人，但同样存在少量上市公司，股权结构相对分散，不存在特定实际控制人。为排除这一部分样本对本书结论的干扰，本书在 Group 取值为 0 的样本中，剔除了无实际控制人样本，重新进行回归分析。表 3 - 12 报告的回归结果表明，回归（1）中，控股多家上市公司（Group）系数为 0.004，在 1% 水平上显著。这一结果说明，在剔除无实际控制人企业样本干扰后，控股多家上市公司与管理者超额在职消费显著正相关，证实本书的研究结论是稳健的。

表 3 - 12　剔除无实际控制人样本

| | （1） |
|---|---|
| Group | 0.004*** |
| | （3.95） |
| Size | − 0.008*** |
| | （− 16.60） |
| Roa | 0.035*** |
| | （4.72） |
| Lev | 0.002 |
| | （0.78） |
| Sharefocus | 0.000 |
| | （0.52） |
| Insititution | 0.000*** |
| | （3.52） |
| Salary | 0.010*** |
| | （15.01） |
| Board | 0.000 |
| | （0.27） |
| Ind | − 0.005 |
| | （− 0.57） |
| Constant | 0.028*** |
| | （2.65） |

续表

|  | （1） |
| --- | --- |
| INDUSTRY | YES |
| YEAR | YES |
| N | 16985 |
| Adj_ $R^2$ | 0.0878 |

注：＊、＊＊、＊＊＊分别表示在10%、5%、1%水平上显著。

### 3.6.4 固定效应模型

为了控制不同上市公司间个体差异产生的影响，本书使用固定效应模型，重新进行回归分析，表3-13报告了固定效应模型的回归结果。回归（1）中，控股多家上市公司（Group）的系数为0.003，在1%水平上显著，该结果说明，在控制不同上市公司间个体差异产生的影响后，控股多家上市公司与管理者超额在职消费显著正相关，证实本书的研究结论是稳健的。

表 3 - 13 固定效应模型

|  | （1） |
| --- | --- |
| Group | 0.003 ＊＊＊ |
|  | （2.95） |
| Size | − 0.005 ＊＊＊ |
|  | （ − 12.71） |
| Roa | 0.001 |
|  | （0.20） |
| Lev | 0.000 |
|  | （0.30） |
| Sharefocus | − 0.000 ＊＊＊ |
|  | （ − 2.59） |

续表

| | （1） |
|---|---|
| Insititution | -0.000 |
| | （-0.85） |
| Salary | 0.004*** |
| | （7.62） |
| Board | 0.000 |
| | （1.47） |
| Ind | -0.009* |
| | （-1.70） |
| Constant | 0.071*** |
| | （6.66） |
| INDUSTRY | YES |
| YEAR | YES |
| N | 17332 |
| $R^2$ | 0.024 |

注：*、**、***分别表示在10%、5%、1%水平上显著。

### 3.6.5 内生性问题

为了缓解内生性问题对本书研究结论带来的影响，本书使用 Heckman 两阶段回归方法，以控制可能存在的样本自选择问题。首先，我们建立了影响实际控制人控股多家上市公司的模型。在模型（3-3）中，Group 与前文的定义一致，Size、Roa、Lev 在前文已有定义，Pattern 表示企业产权性质，当企业为国有企业时，取值为1，否则取值为0。其次，对模型（3-3）进行 Probit 回归，并计算 IMR（Inverse Mills Ratio），将其命名为 Groupimr。最后，将 Groupimr 代入模型（3-2）中重新进行回归分析。回归结果即控制了自选择偏差之后的结果。表3-14 Heckman 第一阶段显示，大规模企业、高负债企业和国有企业，其实际控制人更可能控股多家上市公司。表3-14 Heckman 第二阶段显示，在控制了样本自选择偏差后，控股多家上市公司（Group）系数为 0.003，在 1% 水平上显著为正，证明在控制了内生性问题之后本书的研究结论是稳健的。

$$Group_{i,t} = \beta_0 + \beta_1 Size_{i,t} + \beta_2 Roa_{i,t} + \beta_3 Lev_{i,t} + \beta_4 Pattern_{i,t} + INDUSTRY +$$
$$YEAR + \varepsilon_{i,t} \tag{3-3}$$

表 3 – 14  Heckman 两阶段回归

| Heckman 第一阶段 | |
| --- | --- |
| Size | 0.131 *** |
| | (5.14) |
| Roa | − 0.339 |
| | ( − 1.01) |
| Lev | 0.337 *** |
| | (2.66) |
| Pattern | 1.074 *** |
| | (16.05) |
| Constant | − 4.666 *** |
| | ( − 8.21) |
| INDUSTRY | YES |
| YEAR | YES |
| N | 17332 |
| Pseudo $R^2$ | 0.166 |
| Heckman 第二阶段 | |
| Group | 0.003 *** |
| | (3.19) |
| Size | − 0.008 *** |
| | ( − 16.28) |
| Roa | 0.038 *** |
| | (5.05) |
| Lev | 0.001 |
| | (0.34) |

续表

| Heckman 第二阶段 | |
| --- | --- |
| Sharefocus | -0.000 |
| | (-0.00) |
| Insititution | 0.000 *** |
| | (3.09) |
| Salary | 0.010 *** |
| | (14.92) |
| Board | 0.000 |
| | (0.35) |
| Ind | -0.002 |
| | (-0.25) |
| Groupimr | -0.003 ** |
| | (-2.01) |
| Constant | 0.037 *** |
| | (2.89) |
| INDUSTRY | YES |
| YEAR | YES |
| N | 17332 |
| Adj_ $R^2$ | 0.0874 |

注: * 、 ** 、 *** 分别表示在10%、5%、1%水平上显著。

# 本章小结

　　本书基于委托代理理论，从实际控制人监督职能角度，研究实际控制人同时控股多家上市公司，对管理者超额在职消费的影响，并进一步证实了上市公司产权性质和外部治理环境，能够对控股多家上市公司与超额在职消费水平间的关系产生显著影响。本书参考现有文献，定义当存在同一实际控制人在某一年度同时控制两家及以上上市公司时，上市公司属于实际控制人同时控制多家上市公司（He et al.，2013；Buchuk et al.，2014；蔡卫星等，2015；纳鹏杰等，2017），并得出以下结论：当上市公司所属实际控制人同时控股多家上市公司时，其超额在职消费水平显著高于其他上市公司。进一步研究发现，民营企业和分析师关注度较高企业，控股多家上市公司对超额在职消费不存在显著影响；媒体监督较高企业和党的十八大之后，控股多家上市公司对超额在职消费的促进作用受到显著抑制。

本书研究不仅丰富了实际控制人监督和在职消费领域的相关文献，同时具有重要的实践意义。对于实际控制人而言，意识到同时控股多家上市公司对超额在职消费的影响，有助于实际控制人采取针对性措施，抑制控股上市公司管理者侵害股东利益的负面行为。实际控制人应当结合自身特征和外部公司治理机制，抑制控股上市公司的超额在职消费行为。但本书同样存在一定不足：受到数据来源影响，本书样本只包含实际控制人控股的上市公司。因此，如何更加全面地分析同一实际控制人同时控股多家公司对超额在职消费行为的影响，在未来值得进一步研究。

# 4

## 超额在职消费的传染效应

### 4.1 引言

在我国，推动国有企业集团化建设，成立大批跨地区、跨行业乃至跨国家的企业集团是国企改革的重要组成部分（李有荣，1994）。这些国有大型企业集团为了更好地利用自身规模优势，持续推动下属子公司上市，形成了一家国有大型集团同时控制多家上市公司的特殊情况。例如，截至 2015 年底，中国化工集团同时控制着沙隆达（000553）、沈阳化工（000698）等多家上市公司。同时，随着我国民营企业规模不断壮大，涌现出如"复星系""海航系"等同时控制着多家上市公司的民营企业集团。现有文献证实，同时控股多家上市公司，能够有效缓解企业融资约束、降低企业经营风险（He et al. ，2013）。但是，随着控股上市公司数量增加，对上市公司的管理也更加复杂。在这种背景下，实际控制人同时控制多家上市公司，可能导致上市公司管理层的自利行为出现变化。但是，尚未有文献针对这一背景下的管理层自利行为进行深入研究。因此，本书试图以实际控制人同时控制多家上市公司作为主要视角，研究这种背景下管理者的超额在职消费行为的特征。

实际控制人同时控制多家公司的优势在于，通过在成员企业之间建立内部资本市场，提高整体资源配置效率，进而缓解融资约束（Stein，1997、2002；周业安和韩梅，2003；邵军和刘志远，2006）。然而，成员企业间的紧密联系同样会产生一些负面后果，其中一种负面后果是控股企业内部的传染效应。例如，控股企业内部传染效应的重要表现形式是，当实际控制人控股的某一企业出现业绩大幅下滑、风险大幅上升时，在下一年度，控股的其他成员企业的经营绩效显著降低、风险显著上升（黄俊等，2013；纳鹏杰等，2017）。然而，已有研究主要从企业经营层面探讨了同一实际控制人控股企业间的传染效应（黄俊等，2013；纳鹏杰等，2017），而没有扩展到企业其他层面，特别是公司治理层面。这构成了本章的主要研究动机。

当前学者针对在职消费的存在机理，有两种互相对立的观点：激励观和代理观。支持激励观的学者认为，在职消费属于企业给予管理者的一种隐性激励，能够对管理者起到正面激励作用。例如，有学者证实在职消费能够提升企业效率和未来资产的回报（Rajan and Wulf，2006；Adithipyangkul et al.，2011）。支持代理观的学者认为，在职消费属于一种企业代理成本，会给企业带来负面影响（Hart，2001）。譬如，Yermack（2006）研究发现，当上市公司披露企业 CEO 拥有使用专机的特权时，市场对这一事件存在明显的负面反应。进一步，有学者对在职消费和企业业绩的关系进行了实证检验，实证结果表明，我国上市公司管理者在职消费水平越高，企业业绩越低（罗宏和黄文华，2008；冯根福和赵珏航，2012）。还有学者发现，企业管理者为享受超额在职消费，会隐藏公司负面信息，导致企业股价崩盘风险上升（Xu et al.，2014）。对于上述分歧，耿云江和王明晓（2016）指出，在职消费是否伤害企业价值，关键在于管理者的在职消费水平是否合理。当管理者在职消费水平超出正常水平，构成超额在职消费时，便成为企业代理成本的一部分。超额在职消费会降低企业的货币薪酬业绩敏感性，伤害企业价值。

本书依据存在传染效应的企业之间的关系，将传染效应划分为同行业企业间传染效应、存在借贷关系企业间传染效应以及同一实际控制人控股企业间传染效应三种类型。早期学者主要研究同行业企业之间的传染效应。由于同行业企业联系相对松散，资金和业务往来相对较少，学者多从信息传递角度分析同行业企业间的相互影响关系。例如，有学者证实公司盈余公告、盈余预测以及并购公告对同行业其他公司股价收益存在显著影响（Foster，1981；Han et al.，1989；Pyo and Lustgarten，1990；Han and Wild，1991；廖理等，2009）。当公司发布积极（消极）的盈余预测时，同行业尚未预测的公司的股价收益会受到显著正面（负面）影响（Pyo and Lustgarten，1990）。进一步地，有学者证实，公司的盈余预测公告对同行业企业所产生的影响，同时受到信息本身的性质以及信息接收公司与信息释放公司关系的影响（Kim et al.，2008）。

随着社会经济的不断发展，企业间构建了更复杂和直接的联系，仅仅研究同行业企业的关系已经不足以正确反映企业所面临的传染效应影响。在此基础上，部分学者从借贷关系的角度对传染效应展开了研究。譬如，有学者从商业信用角度探究企业间的传染效应。Kiyotaki 和 Moore（1997）证实，由商业信用联结在一起的上下游企业存在破产连锁反应。同样有学者证实，当企业提出破产保护时，其供应商和贷款人股价受到显著负面影响（Hertzel et al.，2008；Jorion and Zhang，2009；Helwege and Zhang，2016）。又如，企业剔除申请破产保护的原因与供应商是否受传染效应影响存在密切联系：当企业因财务问题申请破产保护时，该企业成功实现破产重组的可能性较大，因此对供应商的传染效应较小；当企业因经营问题申请破产保护时，成功实现破产重组的可能性较低，因此对供应商的传染效应较大。而且，破产企业对供应商的影响主要是通过信息、信贷损失和更换交易对象三条路径实现的（Kolay et al.，2016）。王雄元、高曦（2017）用中国 A 股上市公司数据证实，客户公告盈余后，供应商股价的市场反应与客户股价的市场反应显著正相关。同样，有学者发现在担保网络内存在传染效应。张乐才（2011）以案例形式证实，浙江省存在个别企业的倒闭引发全省企业经营陷入困境的现象。出现这一现象的主要原因在于个别企业的经营风险沿担保网络实现了扩散。刘海明等（2016）以实证研究方式证明了担保网络中存在业绩传染效应，他认为诉讼风险、再融资和现金持有是担保网络中业绩传染效应的主要影响机制。

近期，一些学者对同一实际控制人控股企业间的传染效应进行研究。Banal - Estanol 等（2013）通过理论模型分析，证实企业合并项目最终起到的是共同保险作用，还是风险传染效应，主要取决于合并项目的收益分布情况。当融资成本高于合并项目的平均收益，并且两个项目利润存在紧密联系时，更可能产生传染效应。黄俊等（2013）从经营绩效角度实证检验了同一实际控制人控股企业间的传染效应，结果显示，如果某一年度某一企业存在业绩大幅下滑现象，在下一年度实际控制人控股的其他企业的经营业绩会受到传染，这是由于被影响企业存在救助业绩大幅下滑企业的行为。纳鹏杰等（2017）从风险角度实证检验了同一实际控制人控股企业间的传染效应。结果证实，如果某一年度某一上市公司的风险明显增加时，下一年度实际控制人控股的其他企业的风险会受到负面影响。并且这种传染效应同时存在于财务风险和市场风险中。

管理层从企业获得的收益，除年薪、奖金等货币性薪酬外，还包括在职消费等非货币性薪酬。当前学者将在职消费区分为正常水平的在职消费和超额在职消费（Luo et al.，2011）：超额在职消费是指管理者为了实现自身私利的最大化，使管理者在职消费水平超出企业正常水准，此时在职消费不再为企业经营服务，而构成了企业的代理成本（耿云江和王明晓，2016）。现有研究证实，管理者在评估自身应得薪酬时，存在明显的攀比心理（罗宏等，2016），而在职消费作为一种隐性薪酬，管理者对其规模大小同样存在攀比心理。当实际控制人控制的某一成员企业的超额在职消费大幅上升时，实际控制人控制的其他企业管理者受攀比心理影响，同样会提升自身超额在职消费规模，进而产生超额在职消费的传染现象。

基于上述分析，参考现有文献，定义当存在同一实际控制人在某一年度同时控制两家及以上上市公司时，上市公司属于实际控制人同时控制多家上市公司情况（He et al., 2013；Buchuk et al., 2014；蔡卫星等，2015 ；纳鹏杰等，2017）。本书使用 2007～2015 年实际控制人同时控制多家上市公司的 A 股上市公司为样本进行实证检验。研究结果表明，当实际控制人控股的某一成员企业的超额在职消费大幅上升时，下一年度实际控制人控股的其他成员企业的超额在职消费受到显著正向影响，同时这一影响主要存在于国有企业、成员分布在同一行业和成员分布在同一地域的情况下。进一步研究表明，同一实际控制人控制下，管理者薪酬水平较高的企业，不会受到传染效应的影响，而同一实际控制人控制下，公司治理水平较高的企业，同样不会受到传染效应的影响。

本章的贡献主要体现在以下三点：第一，丰富了企业间传染效应的相关研究。针对企业间的传染效应，学者们已经做出了一定研究，但是主要基于同行业企业和存在借贷关系企业间的传染效应（Kim et al., 2008；Kolay et al., 2016），对同一实际控制人控股企业间传染效应关注相对较少，且主要从经营层面关注同一集团企业间的传染效应（黄俊等，2016；纳鹏杰等，2017）。本书关注了同一实际控制人控股企业间管理层自利行为的传染效应，发现实际控制人控股某一成员企业超额在职消费大幅上升，会对下一年度实际控制人控股其他企业的超额在职消费产生显著影响，丰富了企业间传染效应的研究。第二，丰富了超额在职消费影响因素的相关研究。现有关于企业超额在职消费影响因素的研究主要基于公司治理视角，探究良好的公司治理机制是否能够抑制企业的超额在职消费水平（陈仕华等，2014；薛健等，2017）。本书则基于实际控制人视角，探究了相关企业行为对超额在职消费水平的影响。第三，丰富了实际控制人监督的相关研究。本书发现，实际控制人产权性质的差异，以及控股企业行业分布和地域分布上的差异，会对超额在职消费的传染效应产生显著影响。第四，丰富了公司治理领域的相关研究。本书发现较高的内部控制质量和媒体监督水平，能够抑制超额在职消费的传染效应，进一步验证了良好的公司治理机制对于企业超额在职消费的抑制作用。

## 4.2 理论分析与假设提出

传染概念源于现代医学理论，特指细菌、病毒等病原体从原有生物体转移到其他生物体。社会学中的传染效应是指当个体观察到不道德的行为的成本和代价较小而潜在收益较高时，个体更愿意模仿和跟随（Kedia et al.，2015）。作为同一管理权威下的公司的集合，同一实际控制人控股的上市公司之间，存在密切的联系。例如，现有研究指出，同一实际控制人控股的企业内部存在活跃的内部资本市场，成员企业间存在活跃的资源配置行为（Shin and Stulz，1998；杨棉之等，2010）；成员企业之间存在密切的商业活动，如资产出售和商品买卖等（Cheunga et al.，2006）。在职消费作为管理者从企业获得的隐性薪酬，具备天然的隐蔽性，外界难以识别管理者超额在职消费的变动情况。但由于同一实际控制人控股企业之间存在密切的联系，使某一成员企业管理者超额在职消费出现大幅提升时，其他成员企业管理者能够观察到这一现象。成员企业间的密切联系构成了超额在职消费传染效应的生成基础，使某一成员企业的超额在职消费变动可能影响到其他成员企业。

本书认为，某一成员企业的超额在职消费大幅上升，主要通过以下路径影响实际控制人控股其他成员企业的超额在职消费规模，产生超额在职消费的传染效应。首先，某一成员企业的超额在职消费大幅上升，影响了实际控制人控股其他成员企业管理者对自身应得收益的估计。社会比较理论认为，个体在评估自身能力和观点时，更多是通过与他人进行比较，进而进行自我评价，而实验经济学的研究结果证实，人一般通过比较自身收益与别人收益来判断收益是否公平

（Gächter and Fehr，2002）。现有研究进一步证实，与管理者自身所得实际薪酬相比，管理者个人薪酬与他人薪酬的差距更能解释其薪酬满足感（Williams et al.，2006；贺伟和龙立荣，2011），管理者薪酬差距大小会影响个人薪酬欲望是否得到满足（张蕊和管考磊，2016），管理者在评估自身应得薪酬时，存在明显的攀比心理（罗宏等，2016）。另外，在职消费作为一种隐性薪酬，管理者对其规模大小同样存在攀比心理。当同一实际控制人控制下某一成员企业的超额在职消费大幅上升时，其他企业管理者受攀比心理影响，高估自身应得在职消费，有动机提升超额在职消费规模，产生超额在职消费的传染现象。其次，当某一成员企业的超额在职消费大幅上升时，实际控制人控股其他成员企业管理者会重新评估实际控制人对所属上市公司管理者超额在职消费规模的监管程度和容忍程度，管理者出于自利动机，会使超额在职消费规模增加，产生超额在职消费的传染现象。再次，相对于其他企业，当实际控制人同时控股多家上市公司时，可能导致对单一企业的关注和监督力度下降，其委托代理问题更加严重。同时，在职消费作为代理成本的一种，存在天然的隐蔽性，不易受到股东和外界的监管（Jensen and Meckling，1976；廖歆欣和刘运国，2016）。因此，当某一成员企业的超额在职消费大幅上升时，实际控制人控股其他成员企业管理者有能力提升自身超额在职消费水平，产生超额在职消费的传染现象。最后，由于受传染效应影响，企业管理者在进行超额在职消费行为过程中，属于侵占股东利益行为的追随者，而非发起者受影响企业管理者的道德负担相对较轻，能够更轻易地将这种侵占股东利益的行为合理化，进而使超额在职消费规模增加，产生超额在职消费的传染现象。基于上述分析，本书认为，同一实际控制人控股企业之间存在超额在职消费的传染效应。据此，提出假设1：

假设1：当实际控制人控股某一企业的超额在职消费大幅上升时，之后同一实际控制人控股的其他成员企业的超额在职消费将升高。

上述分析指出，同一实际控制人控股企业内部存在超额在职消费的传染效应，但对于不同类型的实际控制人，超额在职消费的传染效应可能呈现出不同的特征。本书按照企业产权性质，将控股多家上市公司样本划分为国有企业样本和民营企业样本。与民营企业相比，一方面，国有企业限薪令的存在，使在职消费成为国有企业管理人员的替代性选择（陈东华等，2005；张楠和卢洪友，2017），国有企业管理者更可能对集团内其他成员的超额在职消费增加产生攀比心理。另一方面，国有企业实际控制人是政府机关等时，存在"所有者缺失"现象，导致国有企业存在明显的治理失效问题（刘磊等，2004），国有企业管理者在观察到同一实际控制人控股的其他成员企业管理者出现超额在职消费大幅提升后，有更强的能力提升自身超额在职消费水平。基于上述分析，本书认为，在实际控制人控股多家上市公司的情况下，国有企业和民营企业超额在职消费传染效应存在差异。据此，提出假设2：

假设2：在实际控制人控股多家上市公司情况下，相对于民营企业，国有企业有更强的超额在职消费传染效应。

最后，本书考察实际控制人控股上市公司的行业分布特征和地域分布特征如何影响成员企业间的超额在职消费传染效应。本书统计发现，实际控制人控制的多家上市公司，即存在分布在同一行业、同一地域的情况，也存在分布在不同行业、不同地域的情况。相对于分布在不同行业、不同地域的情况，一方面，当实际控制人同时控制企业分布在同一行业和同一地域时，其成员企业之间商业往来更多，联系更加紧密（黄俊等，2013），某一成员超额在职消费大幅上升的情况，更可能被其他成员企业管理者知晓。另一方面，由于成员企业分布在同一地域或同一行业，管理者薪酬规模更具可比性，某一企业管理者超额在职消费的大幅提升，更可能引起其他成员企业管理者的攀比心理。基于上述分析，本书认为，多元化企业集团和专业化企业集团之间，以及分布在不同地域企业集团和分布在同一地域企业集团之间，超额在职消费传染效应存在差异。据此，提出假设3和假设4：

假设3：当某一企业的超额在职消费大幅上升时，当控股企业分布在同一行业时，其他成员企业超额在职消费上升的程度更大。

假设4：当某一企业的超额在职消费大幅上升时，当控股企业分布在同一地域时，其他成员企业超额在职消费上升的程度更大。

# 4.3 研究设计

## 4.3.1 研究样本选择

我国A股上市公司普遍存在特定实际控制人，本书实际控制人数据依靠上市公司年报中披露的控制图进行手工搜集。国有企业的实际控制人，为控制图中距离各级政府、各级国资委和高校等最近的经济实体，民营企业的实际控制人为实际控制上市公司的自然人。参考现有文献，定义当存在同一实际控制人在某一年度同时控制两家及以上上市公司时，上市公司属于实际控制人同时控制多家上市公司（He et al.，2013；Buchuk et al.，2014；蔡卫星等，2015；纳鹏杰等，2017）。受到数据来源影响，本书以2007~2015年沪深A股上市企业为初始研究样本，剔除金融业样本、数据缺失样本和不满足实际控制人同时控制多家上市公司情况样本后，最终得到3914个企业—年度观测值。本书其余数据来自CSMAR数据库和CNRDS数据库。为去除可能存在的极端值影响，使用Winsorize方法，对全部连续变量按照1%和99%分位数进行缩尾处理。为使回归结果更加稳健，在所有回归分析中，在企业层面进行了Cluster处理。

## 4.3.2 变量定义

（1）传染效应。参考已有文献，本书在超额在职消费出现上升的企业中，将上升幅度高于30%的企业定义为发生超额在职消费大幅上升企业，并定义发生超额在职消费大幅上升年度为事件年度（黄俊等，2013）。在此基础上，参考已有文献，定义当某一企业发生超额在职消费大幅上升，且该企业资产占实际控制人控股全部上市公司资产总和的比例大于20%时，认定该企业会对其他企业造成影响（黄俊等，2013）。在下一年度，该实际控制人控股的其他企业为受传染效应影响企业，传染效应的哑变量Contagion赋值为1，否则为0。

（2）超额在职消费。我们参考Luo等（2011）和权小锋等（2010）的方法，使用管理费用扣除董事、高管、监事薪酬和无形资产摊销等明显不属于在职消费项目后的剩余金额，表示企业在职消费总规模（Perk），超额在职消费即等于在职消费总额与由经济因素决定的预期正常在职消费之间的差额。计算公式如下：

$$\frac{Perk_t}{Asset_{t-1}} = \beta_0 + \beta_1 \frac{1}{Asset_{t-1}} + \beta_2 \frac{\Delta Sale_t}{Asset_{t-1}} + \beta_3 \frac{PPE_t}{Asset_{t-1}} + \beta_4 \frac{Inventory_t}{Asset_{t-1}} +$$

$$\beta_5 \ln Employee_t + \varepsilon \qquad\qquad (4-1)$$

其中，$Perk_t$表示企业在职消费，为管理费用扣除董事、高管、监事薪酬和无形资产摊销等明显不属于在职消费项目后剩余的金额；$Asset_{t-1}$为企业上期总资产；$\Delta Sale_t$为主营业务收入变动额；$PPE_t$为本期固定资产净值；$Inventory_t$为本期存货总额；$\ln Employee_t$为企业员工企业自然对数。按年度行业对样本进行回归分析，回归所得因变量预测值表示企业正常在职消费规模，实际在职消费与正常在职消费的差额表示企业超额在职消费（Abperk）。

（3）其他变量。根据以往文献，本书从企业基本特征和公司治理特征两方面，选取了模型中相关控制变量（张铁铸、沙曼，2014；薛健等，2017）。企业基本特征方面包括企业规模、盈利能力和偿债能力，公司治理特征方面包括第一大股东持股、董事会规模、董事会会议、独立董事比例和高管薪酬。此外，加入年度哑变量和行业哑变量，以分别控制年度和行业固定效应。具体定义如表4-1所示。

表 4 - 1　变量定义

| | 变量名称 | 符号 | 变量定义 |
|---|---|---|---|
| 被解释变量 | 超额在职消费 | Abperk | 根据 Luo 等（2011）和权小锋等（2010）的模型进行估计 |
| 解释变量 | 传染效应 | Contagion | 参考黄俊等（2013）定义 |
| | 企业性质 | State | 当上市公司为国有企业时，取值为 1；当上市公司为民营企业时，取值为 0 |
| | 行业分布 | Diversity | 当实际控制人控股上市公司分布在同一行业时，取值为 1；否则取值为 0 |
| | 地域分布 | Location | 当实际控制人控股上市公司分布在同一省份时，取值为 1；否则取值为 0 |
| 控制变量 | 企业规模 | Size | 总资产对数 |
| | 盈利能力 | Roe | 净资产收益率 |
| | 偿债能力 | Lev | 资产负债率 |
| | 第一大股东持股 | First | 第一大股东持股数量除总股本 |
| | 董事会规模 | Board | 董事人数 |
| | 董事会会议 | Meeting | 董事会会议次数 |
| | 独立董事比例 | Ind | 独立董事人数除董事人数 |
| | 高管薪酬 | Salary | 高管前三位薪酬对数 |

### 4.3.3　实证模型

为检验假设 1，本书参考以往研究建立模型（4 - 2）（Luoetal，2011；黄俊等，2013），如果假设 1 成立，$\beta_1$ 应当显著为正。

$$\text{Abperk}_{i,t} = \beta_0 + \beta_1 \text{Contagion}_{i,t} + \beta_2 \text{Size}_{i,t} + \beta_3 \text{Roe}_{i,t} + \beta_4 \text{Lev}_{i,t} + \beta_5 \text{First}_{i,t} +$$
$$\beta_6 \text{Board}_{i,t} + \beta_7 \text{Meeting}_{i,t} + \beta_8 \text{Ind}_{i,t} + \beta_9 \text{Salary}_{i,t} + \text{Industry} + \text{Year} + \varepsilon_{i,t}$$

（4 - 2）

## 4.4　实证结果分析

### 4.4.1　描述性统计分析

表4-2报告了样本主要变量描述统计情况。分析可得，超额在职消费（Ab-perk）均值（中位数）为0.0003（-0.002），较多企业实际在职消费水平小于预期在职消费水平，标准差为0.031，说明不同企业间超额在职消费水平存在明显差异。传染效应（Contagion）均值（中位数）为0.264（0.000），说明受传染效应影响企业数量相对较少。

表4-2　主要变量描述性统计

| 变量 | 样本数 | 均值 | 中位数 | 标准差 | 最小值 | 最大值 |
|---|---|---|---|---|---|---|
| Abperk | 3914 | 0.0003 | -0.002 | 0.031 | -0.082 | 0.120 |
| Contagion | 3914 | 0.264 | 0.000 | 0.441 | 0.000 | 1.000 |
| State | 3914 | 0.829 | 1.000 | 0.376 | 0.000 | 1.000 |
| Diversity | 3914 | 0.425 | 0.000 | 0.494 | 0.000 | 1.000 |
| Location | 3914 | 0.375 | 0.000 | 0.484 | 0.000 | 1.000 |
| Size | 3914 | 22.442 | 22.269 | 1.406 | 19.298 | 26.563 |
| Roe | 3914 | 0.053 | 0.067 | 0.181 | -1.022 | 0.618 |
| Lev | 3914 | 0.534 | 0.549 | 0.212 | 0.067 | 1.025 |
| First | 3914 | 38.491 | 37.300 | 15.219 | 11.180 | 76.000 |
| Board | 3914 | 9.223 | 9.000 | 1.924 | 5.000 | 15.000 |
| Meeting | 3914 | 9.388 | 9.000 | 3.683 | 4.000 | 23.000 |
| Ind | 3914 | 0.366 | 0.333 | 0.051 | 0.300 | 0.571 |
| Salary | 3914 | 14.132 | 14.153 | 0.714 | 12.144 | 15.987 |

表4-3是本书主要变量的相关性分析，结果显示，传染效应（Contagion）和管理者超额在职消费（Abperk）之间正相关，该结果初步表明，受传染效应影

表 4 - 3  主要变量相关性分析

| | Abperk | Contagion | State | Diversity | Location | Size | Roe | Lev | First | Board | Meeting | Ind | Salary |
|---|---|---|---|---|---|---|---|---|---|---|---|---|---|
| Abperk | 1.000 | | | | | | | | | | | | |
| Contagion | 0.069 | 1.000 | | | | | | | | | | | |
| State | 0.031 | -0.031 | 1.000 | | | | | | | | | | |
| Diversity | 0.003 | -0.015 | -0.105 | 1.000 | | | | | | | | | |
| Location | -0.005 | -0.008 | 0.027 | 0.107 | 1.000 | | | | | | | | |
| Size | -0.213 | -0.167 | 0.149 | -0.032 | -0.018 | 1.000 | | | | | | | |
| Roe | 0.087 | -0.021 | -0.041 | -0.011 | 0.006 | 0.084 | 1.000 | | | | | | |
| Lev | -0.170 | -0.021 | 0.106 | -0.012 | -0.021 | 0.343 | -0.137 | 1.000 | | | | | |
| First | -0.013 | -0.065 | 0.180 | -0.061 | -0.023 | 0.299 | 0.058 | 0.053 | 1.000 | | | | |
| Board | -0.056 | -0.058 | 0.162 | 0.003 | -0.043 | 0.253 | 0.005 | 0.068 | 0.025 | 1.000 | | | |
| Meeting | -0.079 | -0.040 | -0.133 | -0.043 | -0.017 | 0.184 | -0.010 | 0.181 | -0.055 | -0.016 | 1.000 | | |
| Ind | -0.033 | -0.027 | -0.008 | -0.006 | 0.008 | 0.140 | -0.032 | 0.050 | 0.056 | -0.337 | 0.091 | 1.000 | |
| Salary | 0.057 | -0.074 | 0.066 | -0.092 | -0.043 | 0.472 | 0.228 | -0.037 | 0.100 | 0.129 | 0.137 | 0.025 | 1.000 |

响的企业，管理者超额在职消费水平更高。分析主要变量之间的相关系数可得，各变量之间相关系数较小，表明模型设定效果较好。

本书按照 Contagion 取值将样本分为两组进行单变量检验，表 4 - 4 是检验结果。表 4 - 4 中，受传染效应影响企业，其超额在职消费的均值和中位数均高于其他上市公司，且均值和中位数的差异均在 1% 水平上显著。

表 4 - 4　单变量参数检验

|  | 均值 | 中位数 |  | 均值 | 中位数 | T 检验 | Z 检验 |
|---|---|---|---|---|---|---|---|
| Contagion = 0 | - 0.001 | - 0.003 | Contagion = 1 | 0.004 | 0.001 | - 4.35 *** | - 4.29 *** |

注：*、**、***分别表示在 10%、5%、1% 水平上显著。

### 4.4.2　多元回归结果与分析

表 4 - 5 报告了模型（2）的回归结果。其中，回归（1）中，在不加入控制变量的情况下，传染效应（Contagion）的系数为 0.005，在 1% 水平上显著；回归（2）中，进一步控制行业和年度效应后，传染效应（Contagion）的系数为 0.005，在 1% 水平上显著；回归（3）中，我们进一步控制上市公司基本特征后，传染效应（Contagion）的系数为 0.003，在 5% 水平上显著；回归（4）中，我们进一步控制上市公司治理特征后，传染效应（Contagion）的系数为 0.003，在 5% 水平上显著。综上，传染效应与管理者超额在职消费规模呈正相关关系，说明受到传染效应影响的企业，管理者超额在职消费规模更大，支持了假设 1。

表 4 - 5　超额在职消费传染现象

|  | （1） | （2） | （3） | （4） |
|---|---|---|---|---|
| Contagion | 0.005 *** | 0.005 *** | 0.003 ** | 0.003 ** |
|  | (3.99) | (3.81) | (2.29) | (2.19) |
| Size |  |  | - 0.005 *** | - 0.007 *** |
|  |  |  | ( - 5.89) | ( - 7.89) |

续表

| | （1） | （2） | （3） | （4） |
|---|---|---|---|---|
| Roe | | | 0.015 *** | 0.010 ** |
| | | | （3.71） | （2.50） |
| Lev | | | − 0.015 *** | − 0.009 * |
| | | | （− 3.13） | （− 1.84） |
| First | | | | 0.000 |
| | | | | （1.61） |
| Board | | | | − 0.000 |
| | | | | （− 0.05） |
| Meeting | | | | − 0.000 |
| | | | | （− 1.32） |
| Ind | | | | 0.002 |
| | | | | （0.11） |
| Salary | | | | 0.008 *** |
| | | | | （5.82） |
| INDUSTRY | NO | YES | YES | YES |
| YEAR | NO | YES | YES | YES |
| Constant | − 0.001 | 0.002 | 0.102 *** | 0.039 * |
| | （− 1.02） | （0.29） | （6.34） | （1.90） |
| N | 3914 | 3914 | 3914 | 3914 |
| Adj_ $R^2$ | 0.005 | 0.003 | 0.065 | 0.089 |

注：*、**、***分别表示在10%、5%、1%水平上显著。

为验证假设2是否成立，本书按照实际控制人性质，将样本分为民营企业样本和国有企业样本，分组对模型（2）进行回归分析。表4-6报告了模型（2）的分组回归结果。其中，在民营企业样本，传染效应（Contagion）的系数为0.003，并且不显著；在国有企业样本，传染效应（Contagion）的系数为0.003，在5%水平上显著。说明超额在职消费的传染效应主要发生在国有企业样本，支持了假设2。

表4-6 超额在职消费传染现象——分产权性质

| | 民营企业<br>（1） | 国有企业<br>（2） |
|---|---|---|
| Contagion | 0.003 | 0.003** |
| | (1.15) | (2.08) |
| Size | −0.004* | −0.007*** |
| | (−1.96) | (−7.71) |
| Roe | 0.025*** | 0.009* |
| | (3.13) | (1.89) |
| Lev | −0.008 | −0.010* |
| | (−0.91) | (−1.86) |
| First | −0.000 | 0.000* |
| | (−1.24) | (1.67) |
| Board | −0.001 | −0.000 |
| | (−0.72) | (−0.11) |
| Meeting | −0.000 | −0.000 |
| | (−0.46) | (−1.05) |
| Ind | −0.039 | 0.008 |
| | (−0.96) | (0.48) |
| Salary | 0.005** | 0.009*** |
| | (2.07) | (5.27) |
| INDUSTRY | YES | YES |
| YEAR | YES | YES |
| Constant | 0.044 | 0.040* |
| | (0.98) | (1.67) |
| N | 668 | 3246 |
| Adj_ $R^2$ | 0.065 | 0.099 |

注：*、**、***分别表示在10%、5%、1%水平上显著。

为验证假设3是否成立，本书按照实际控制人控股企业的行业分布特征，将样本分为分布在同一行业样本和分布在不同行业样本，分组对模型（2）进行回归分析。表4-7报告了模型（2）的分组回归结果。其中，在分布在不同行业样本组, 传染效应（Contagion）的系数为 0.001, 并且不显著; 在分布在同一行业样本组, 传染效应（Contagion）的系数为 0.005, 在 5% 水平上显著。说明超额在职消费的传染效应主要发生在实际控制人控股企业分布在同一行业情况下, 支持了假设 3。

表 4－7　超额在职消费传染现象——分行业分布特征

| | 分布在不同行业<br>（1） | 分布在同一行业<br>（2） |
| --- | --- | --- |
| Contagion | 0.001 | 0.005 ** |
| | (0.93) | (2.39) |
| Size | －0.006 *** | －0.008 *** |
| | (－5.83) | (－5.69) |
| Roe | 0.011 ** | 0.009 |
| | (2.19) | (1.43) |
| Lev | －0.016 *** | －0.002 |
| | (－2.73) | (－0.30) |
| First | 0.000 | 0.000 |
| | (0.70) | (1.56) |
| Board | 0.000 | －0.000 |
| | (0.26) | (－0.23) |
| Meeting | －0.000 * | －0.000 |
| | (－1.66) | (－0.20) |
| Ind | 0.008 | －0.013 |
| | (0.41) | (－0.52) |
| Salary | 0.008 *** | 0.009 *** |
| | (4.30) | (4.52) |
| INDUSTRY | YES | YES |
| YEAR | YES | YES |
| Constant | 0.026 | 0.052 |
| | (1.11) | (1.48) |
| N | 2252 | 1662 |
| Adj_ $R^2$ | 0.094 | 0.087 |

注: *、**、***分别表示在 10%、5%、1% 水平上显著。

为验证假设4是否成立，本书按照控股上市公司地域分布，将样本分为控股企业分布在同一地域样本和不同地域样本，分组对模型（2）进行回归分析。参考现有文献，定义当实际控制人控股上市公司分布在同一省份时，为同一地域样本，否则为不同地域企业样本（黄俊等，2013）。表4-8报告了模型（2）的分组回归结果。其中，在控股企业分布在不同地域样本组，传染效应（Contagion）的系数为0.002，并且不显著；在控股企业分布在同一地域样本组，传染效应（Contagion）的系数为0.004，在10%水平上显著。说明超额在职消费的传染效应主要发生在控股企业分布在同一地域样本，支持了假设4。

表4-8 超额在职消费传染现象——分地域分布

| | 不同地域<br>（1） | 同一地域<br>（2） |
|---|---|---|
| Contagion | 0.002 | 0.004* |
| | (1.43) | (1.68) |
| Size | -0.006*** | -0.008*** |
| | (-6.30) | (-4.98) |
| Roe | 0.013*** | 0.007 |
| | (3.02) | (0.75) |
| Lev | -0.008* | -0.007 |
| | (-1.67) | (-0.75) |
| First | 0.000 | 0.000** |
| | (0.14) | (2.56) |
| Board | 0.000 | -0.001 |
| | (0.53) | (-0.88) |
| Meeting | -0.000* | -0.000 |
| | (-1.75) | (-0.29) |
| Ind | 0.028 | -0.054** |
| | (1.49) | (-2.00) |
| Salary | 0.006*** | 0.012*** |
| | (4.34) | (4.03) |

续表

|  | 不同地域<br>（1） | 同一地域<br>（2） |
| --- | --- | --- |
| INDUSTRY | YES | YES |
| YEAR | YES | YES |
| Constant | 0.037 *<br>（1.70） | 0.048<br>（1.05） |
| N | 2447 | 1467 |
| Adj_ $R^2$ | 0.095 | 0.115 |

注：＊、＊＊、＊＊＊分别表示在10％、5％、1％水平上显著。

# 4.5　进一步研究

### 4.5.1　媒体监督影响

本书之前证实，由于管理者攀比心理等因素存在，导致同一实际控制人控股企业内部存在超额在职消费的传染效应。而媒体治理理论认为，媒体是新兴市场上一项重要的制度安排，能够制止企业内部侵害投资者权益的行为（Dyck et al.，2008）。因此，媒体监督可能对同一实际控制人控股企业内部超额在职消费的传染效应产生显著影响。

本书认为，媒体监督对超额在职消费传染效应的影响，主要通过以下路径实现。一方面，现有文献证实，媒体是一种有效的信息媒介（Miller，2006），通过对信息的收集、加工和传播，起到降低股东与管理者之间信息不对称的作用（耿云江和王明晓，2016）。因此，当媒体监督水平较高时，受传染企业管理者与实际控制人间的信息不对称问题得到缓解，管理者提升超额在职消费的能力受到抑制。另一方面，媒体监督水平较高时，管理者更可能因不当行为而受到惩罚（Dyck et al.，2008），甚至会引起司法部门的介入（李培功和沈艺峰，2010）。媒体监督能够对受传染企业管理者起到震慑作用，使其不敢提升超额在职消费水平。上述路径的存在，使在媒体监督水平较高的情况下，受传染企业管理者受到的监督水平提升，管理者进行超额在职消费行为的能力和动机受到抑制，进而削弱同一实际控制人控股企业间的超额在职消费的传染效应。

本书媒体报道数据来自 CNRDS 数据库，参考 Core 等（2008）的研究，使用上市公司负面报道作为媒体监督的代理变量。定义：当负面报道水平高于同一实际控制人控股企业的年度均值时，为媒体监督较强组；当负面报道水平低于同一实际控制人控股企业的年度均值时，为媒体监督较弱组，进行分组回归。表 4 - 9 报告的回归结果表明，在媒体监督较弱组，传染效应（Contagion）系数为 0.003，在 10% 水平上显著；在媒体监督较强组，传染效应（Contagion）为 0.002，并且不显著。说明超额在职消费传染效应主要影响媒体监督较弱企业。

**表 4 - 9　媒体监督影响**

|  | 媒体监督较弱<br>（1） | 媒体监督较强<br>（2） |
|:---:|:---:|:---:|
| Contagion | 0.003 *<br>（1.70） | 0.002<br>（1.25） |
| Size | - 0.006 ***<br>（- 4.74） | - 0.007 ***<br>（- 7.11） |
| Roe | 0.011<br>（1.63） | 0.010 **<br>（1.97） |
| Lev | - 0.013 *<br>（- 1.88） | - 0.001<br>（- 0.21） |
| First | 0.000 **<br>（2.30） | 0.000<br>（0.24） |
| Board | - 0.000<br>（- 0.17） | 0.000<br>（0.24） |

续表

| | 媒体监督较弱<br>（1） | 媒体监督较强<br>（2） |
|---|---|---|
| Meeting | -0.000<br>（-1.23） | -0.000<br>（-1.03） |
| Ind | -0.023<br>（-1.06） | 0.030<br>（1.57） |
| Salary | 0.009 ***<br>（5.17） | 0.007 ***<br>（3.91） |
| INDUSTRY | YES | YES |
| YEAR | YES | YES |
| Constant | 0.026<br>（0.86） | 0.054 **<br>（2.16） |
| N | 2202 | 1670 |
| Adj_ R² | 0.083 | 0.110 |

注：*、**、***分别表示在10%、5%、1%水平上显著。

### 4.5.2　内部控制影响

前文从企业外部层面探讨了影响同一实际控制人控股企业内部超额在职消费传染效应的情景变量。下面试图从企业内部层面探讨影响同一实际控制人控股企业内部超额在职消费传染效应的情景变量。当前学者认为，提升内部控制质量是提升公司治理水平的重要手段，良好的内部控制能够通过相应的制度安排提升企业的经营效率和效果（李万福等，2011）。有学者证实，良好的内部控制能够通过多种渠道抑制企业管理者的超额在职消费行为（牟韶红等，2016）。因此，内部控制质量较高的企业，委托代理问题得到有效缓解，企业管理者拥有的寻租空间受到限制，难以将更多企业资源用于不正当的在职消费，使得超额在职消费传染效应受到抑制。

本书使用"迪博·中国上市公司内部控制指数"度量企业内部控制质量。当内部控制质量高于同一实际控制人控股企业的年度均值时，为内部控制质量较高组；当内部控制质量低于同一实际控制人控股企业的年度均值时，为内部控制质量较低组，进行分组回归。表4-10报告的回归结果表明，在内部控制质量较低组，传染效应（Contagion）系数为0.004，在5%水平上显著；在内部控制质量较高组，传染效应（Contagion）为0.002，并且不显著。说明超额在职消费传染效应主要影响内部控制质量较低企业。

表4-10　内部控制影响

| | 内部控制质量较低<br>（1） | 内部控制质量较高<br>（2） |
| --- | --- | --- |
| Contagion | 0.004 ** | 0.002 |
| | (2.34) | (0.98) |
| Size | -0.008 *** | -0.006 *** |
| | (-7.17) | (-5.48) |
| Roe | 0.005 | 0.026 *** |
| | (1.12) | (2.92) |
| Lev | -0.004 | -0.017 *** |
| | (-0.68) | (-2.76) |
| First | 0.000 | 0.000 |
| | (1.48) | (1.10) |
| Board | -0.000 | 0.000 |
| | (-0.15) | (0.19) |
| Meeting | -0.000 | -0.000 |
| | (-1.08) | (-1.40) |
| Ind | -0.008 | 0.008 |
| | (-0.43) | (0.41) |
| Salary | 0.009 *** | 0.007 *** |
| | (5.25) | (4.28) |
| INDUSTRY | YES | YES |
| YEAR | YES | YES |
| Constant | 0.055 ** | 0.025 |
| | (1.97) | (1.07) |
| N | 1854 | 2043 |
| Adj_ $R^2$ | 0.095 | 0.096 |

注：*、**、***分别表示在10%、5%、1%水平上显著。

### 4.5.3 管理者薪酬影响

前文分别从产权性质角度探讨了影响集团企业内部超额在职消费传染效应的情景变量。下面从管理者薪酬角度探讨影响集团企业内部超额在职消费传染效应的情景变量。本书认为，管理者薪酬主要通过以下路径，影响集团企业内部超额在职消费的传染效应。一方面，在管理者薪酬低于可比企业的情况下，管理者往往拥有更强的攀比心理（罗宏等，2016）；另一方面，在对货币薪酬的需求得不到满足的情况下，管理者倾向于将在职消费作为替代性选择（陈冬华等，2005；张楠和卢洪友，2017），在极端时，甚至会出现侵占型职务犯罪行为（张蕊和管考磊，2016）。上述路径的存在，使管理者在薪酬较低的情况下，更加关注其通过在职消费获得的私有收益，集团内其他企业超额在职消费的大幅提升，更可能引起攀比心理，产生超额在职消费的传染效应。

基于上述分析，本书使用高管前三位薪酬对数度量管理者薪酬，当管理者薪酬高于集团—年度均值时，为管理者薪酬较高组；当管理者薪酬低于集团—年度均值时，为管理者薪酬较低组，进行分组回归。表4-11报告的回归结果表明，在管理者薪酬较低组，传染效应（Contagion）系数为0.003，在10%水平上显著；在管理者薪酬较高组，传染效应（Contagion）系数为0.002，并且不显著。上述结果说明传染效应主要影响集团内部管理者薪酬较低的企业。

表4-11　管理者薪酬影响

| | 管理者薪酬较低 (1) | 管理者薪酬较高 (2) |
|---|---|---|
| Contagion | 0.003 * | 0.002 |
| | (1.87) | (1.21) |
| Size | -0.008 *** | -0.006 *** |
| | (-6.58) | (-4.73) |
| Roe | 0.010 ** | 0.011 |
| | (2.15) | (1.34) |

续表

| | 管理者薪酬较低<br>（1） | 管理者薪酬较高<br>（2） |
|---|---|---|
| Lev | 0.000 | − 0.023 *** |
| | (0.06) | ( − 3.21) |
| First | 0.000 | 0.000 |
| | (1.11) | (1.35) |
| Board | − 0.001 | 0.000 |
| | ( − 1.00) | (0.38) |
| Meeting | − 0.000 | − 0.000 |
| | ( − 0.64) | ( − 1.35) |
| Ind | − 0.018 | 0.013 |
| | ( − 0.86) | (0.55) |
| Salary | 0.008 *** | 0.008 *** |
| | (4.68) | (3.81) |
| INDUSTRY | YES | YES |
| YEAR | YES | YES |
| Constant | 0.061 ** | 0.022 |
| | (1.99) | (0.78) |
| N | 1977 | 1937 |
| Adj_ $R^2$ | 0.083 | 0.104 |

注：* 、** 、*** 分别表示在 10% 、5% 、1% 水平上显著。

## 4.6  稳健性检验

### 4.6.1  更加宽松的认定标准

前文将上升幅度高于 30% 的企业定义为发生超额在职消费大幅上升企业，并以此确定受传染效应影响样本。为使结果更加稳健，本书采用更加宽松的超额在职消费大幅上升认定标准，将上升幅度高于20%的企业定义为发生超额在职消费大幅上升企业，重新确定受传染效应影响样本，并对模型（2）重新进行回归分析。表4-12报告了模型（2）的重新回归结果。其中，回归（1）中，在不加入控制变量的情况下，传染效应（Contagion）的系数为0.005，在1%水平上显著；回归（2）中，进一步控制行业和年度效应后，传染效应（Contagion）的系数为0.004，在1%水平上显著；回归（3）中，进一步控制上市公司基本特征后，传染效应（Contagion）的系数为0.002，在5%水平上显著；回归（4）中，进一步控制上市公司治理特征后，传染效应（Contagion）的系数为0.002，在10%水平上显著。综上，在放宽超额在职消费大幅上升认定标准后，传染效应与管理者超额在职消费规模呈正相关关系，说明受到传染效应影响的集团企业，管理者超额在职消费规模更大，支持了假设1。

表4-12　更加宽松的认定标准

| | （1） | （2） | （3） | （4） |
|---|---|---|---|---|
| Contagion | 0.005 *** | 0.004 *** | 0.002 ** | 0.002 * |
| | (3.87) | (3.72) | (2.03) | (1.92) |
| Size | | | -0.005 *** | -0.007 *** |
| | | | (-5.89) | (-7.88) |
| Roe | | | 0.015 *** | 0.010 ** |
| | | | (3.71) | (2.50) |
| Lev | | | -0.015 *** | -0.009 * |
| | | | (-3.13) | (-1.84) |
| First | | | | 0.000 |
| | | | | (1.60) |
| Board | | | | -0.000 |
| | | | | (-0.07) |
| Meeting | | | | -0.000 |
| | | | | (-1.32) |
| Ind | | | | 0.002 |
| | | | | (0.10) |

续表

|  | （1） | （2） | （3） | （4） |
|---|---|---|---|---|
| Salary |  |  |  | 0.008*** |
|  |  |  |  | （5.83） |
| INDUSTRY | NO | YES | YES | YES |
| YEAR | NO | YES | YES | YES |
| Constant | -0.001 | 0.002 | 0.102*** | 0.039* |
|  | （-1.09） | （0.28） | （6.34） | （1.90） |
| N | 3914 | 3914 | 3914 | 3914 |
| Adj_ R² | 0.004 | 0.003 | 0.065 | 0.088 |

注：*、**、***分别表示在10%、5%、1%水平上显著。

### 4.6.2 更加严格的认定标准

前文将上升幅度高于30%或高于20%的企业定义为发生超额在职消费大幅上升企业，并以此确定受传染效应影响样本。为使结果更加稳健，本书采用更加严格的超额在职消费大幅上升认定标准，将上升幅度高于40%的企业定义为发生超额在职消费大幅上升企业，重新确定受传染效应影响样本，并对模型（2）重新进行回归分析。表4-13报告了模型（2）的重新回归结果。其中，回归（1）中，在不加入控制变量的情况下，传染效应（Contagion）的系数为0.005，在1%水平上显著；回归（2）中，进一步控制行业和年度效应后，传染效应（Contagion）的系数为0.005，在1%水平上显著；回归（3）中，进一步控制上市公司基本特征后，传染效应（Contagion）的系数为0.003，在5%水平上显著；回归（4）中，进一步控制上市公司治理特征后，传染效应（Contagion）的系数为0.003，在5%水平上显著。综上，在使用更加严格的超额在职消费大幅上升认定标准后，传染效应与管理者超额在职消费规模呈正相关关系，说明受到传染效应影响的集团企业，管理者超额在职消费规模更大，支持了假设1。

表 4 – 13　更加严格的认定标准

| | (1) | (2) | (3) | (4) |
|---|---|---|---|---|
| Contagion | 0. 005 *** | 0. 005 *** | 0. 003 ** | 0. 003 ** |
| | (3. 96) | (3. 75) | (2. 25) | (2. 16) |
| Size | | | − 0. 005 *** | − 0. 007 *** |
| | | | ( − 5. 89) | ( − 7. 88) |
| Roe | | | 0. 015 *** | 0. 010 ** |
| | | | (3. 69) | (2. 49) |
| Lev | | | − 0. 015 *** | − 0. 009 * |
| | | | ( − 3. 12) | ( − 1. 83) |
| First | | | | 0. 000 |
| | | | | (1. 61) |
| Board | | | | − 0. 000 |
| | | | | ( − 0. 07) |
| Meeting | | | | − 0. 000 |
| | | | | ( − 1. 33) |
| Ind | | | | 0. 002 |
| | | | | (0. 11) |
| Salary | | | | 0. 008 *** |
| | | | | (5. 82) |
| INDUSTRY | NO | YES | YES | YES |
| YEAR | NO | YES | YES | YES |
| Constant | − 0. 001 | 0. 002 | 0. 102 *** | 0. 039 * |
| | ( − 0. 95) | (0. 29) | (6. 34) | (1. 90) |
| N | 3914 | 3914 | 3914 | 3914 |
| Adj_ $R^2$ | 0. 005 | 0. 003 | 0. 065 | 0. 089 |

注：* 、** 、*** 分别表示在 10% 、5% 、1% 水平上显著。

### 4.6.3　排除其他解释

上述研究显示，同一实际控制人控股企业内部存在超额在职消费的传染效应，即当实际控制人控股下某一企业超额在职消费大幅上升时，之后控股其他成员的超额在职消费上升。但是，对此现象的另一种解释是，实际控制人对下属上市公司的监督力度出现大幅下滑，导致同一实际控制人控股所有上市公司超额在职消费上升，而不存在超额在职消费的传染效应。为排除这一解释，本书参考现有文献（黄俊等，2013；刘海明等，2016），删除上一年度超额在职消费出现上升的样本，对模型（2）重新进行回归分析。此时，剩余样本存在实际控制人对下属上市公司的监督力度出现大幅下滑，导致同一实际控制人控股所有上市公司超额在职消费上升的可能相对较小。表4－14报告了模型（2）的重新回归结果。其中，回归（1）中，在不加入控制变量的情况下，传染效应（Contagion）的系数为0.004，在1%水平上显著；回归（2）中，进一步控制行业和年度效应后，传染效应（Contagion）的系数为0.005，在1%水平上显著；回归（3）中，进一步控制上市公司基本特征后，传染效应（Contagion）的系数为0.003，在10%水平上显著；回归（4）中，进一步控制上市公司治理特征后，传染效应（Contagion）的系数为0.003，在10%水平上显著。上述结果进一步证实了超额在职消费传染效应的存在，传染效应与管理者超额在职消费规模呈正相关关系，受到传染效应影响的企业，管理者超额在职消费规模更大，支持了假设1。

表4－14　排除其他解释

| | （1） | （2） | （3） | （4） |
|---|---|---|---|---|
| Contagion | 0.004 *** | 0.005 *** | 0.003 * | 0.003 * |
| | (2.69) | (2.82) | (1.76) | (1.80) |
| Size | | | － 0.004 *** | － 0.006 *** |
| | | | （－ 4.69） | （－ 6.68） |
| Roe | | | 0.010 ** | 0.004 |
| | | | (2.04) | (0.71) |
| Lev | | | － 0.020 *** | － 0.013 *** |
| | | | （－ 3.92） | （－ 2.78） |
| First | | | | 0.000 * |
| | | | | (1.68) |

续表

| | （1） | （2） | （3） | （4） |
|---|---|---|---|---|
| Board | | | | − 0. 000 |
| | | | | （− 0. 21） |
| Meeting | | | | − 0. 000 |
| | | | | （− 0. 96） |
| Ind | | | | − 0. 002 |
| | | | | （− 0. 13） |
| Salary | | | | 0. 009 *** |
| | | | | （5. 62） |
| INDUSTRY | NO | YES | YES | YES |
| YEAR | NO | YES | YES | YES |
| Constant | − 0. 004 *** | 0. 003 | 0. 094 *** | 0. 027 |
| | （− 3. 64） | （0. 49） | （5. 40） | （1. 21） |
| N | 2118 | 2118 | 2118 | 2118 |
| Adj_ $R^2$ | 0. 004 | 0. 008 | 0. 074 | 0. 100 |

注：*、**、***分别表示在10%、5%、1%水平上显著。

### 4.6.4　固定效应回归

为了控制不同上市公司间个体差异产生的影响，本书使用固定效应模型，对模型（2）进行稳健性检验，表4－15报告了固定效应模型的回归结果。回归（1）中，传染效应（Contagion）的系数为0.001，在10%水平上显著，该结果证实本书的研究结论是稳健的。

表4－15　固定效应回归

| | （1） |
|---|---|
| Contagion | 0. 001 * |
| | （1. 81） |
| Size | − 0. 006 *** |
| | （− 4. 77） |

续表

| | （1） |
|---|---|
| Roe | 0.003 |
| | (1.59) |
| Lev | 0.001 |
| | (0.35) |
| First | 0.000 |
| | (0.07) |
| Board | −0.000 |
| | (−0.26) |
| Meeting | 0.000 *** |
| | (3.07) |
| Ind | 0.006 |
| | (0.46) |
| Salary | 0.000 |
| | (0.17) |
| INDUSTRY | YES |
| YEAR | YES |
| Constant | 0.129 *** |
| | (4.21) |
| N | 3914 |
| $R^2$ | 0.027 |

注：＊、＊＊、＊＊＊分别表示在10%、5%、1%水平上显著。

### 4.6.5 内生性问题

由于受传染效应影响企业与未受影响企业之间在超额在职消费上的差异，既有可能是由传染效应导致的，也有可能是由企业自身难以控制的其他因素导致的。为使结论更加稳健，本书采用PSM方法，在受传染效应影响的集团成员企业（实验组）和未受传染效应影响的集团成员企业（控制组）之间进行比较。使用Probit模型计算倾向得分，按照最近相邻法构建控制组，为保证配对效果，按 1:1 的比例进行配对。Probit 模型中的处理变量定义与前文传染效应 (Contagion) 保持一致，解释变量包含模型 (2) 中的全部控制变量以及年度和行业。为保证实验组和控制组中的企业不存在显著差异，要求实验组企业与其相匹配的控制组企业之间倾向得分的差值的绝对值最大不超过 0.001。

表 4 - 16 中 Panel A 报告了配对后公司特征变量的描述性统计，公司特征变量在经过配对后不存在显著差异，说明本书配对起到了良好效果。表 4 - 16 中 Panel B 报告了在经过 PSM 配对后的回归结果。回归 (1) 中，传染效应 (Contagion) 系数为 0.003，在 10% 水平上显著，该结果证实了企业集团内部超额在职消费传染效应的存在，传染效应与管理者超额在职消费规模呈正相关关系，并在一定程度上缓解了内生性问题。

表 4 - 16　传染效应的 PSM 配对分析结果

Panel A：配对后公司特征变量描述性统计

| 变量 | 未受传染效应影响企业 | 受传染效应影响企业 | 差异检验 |
|---|---|---|---|
| | Mean | Mean | t |
| Size | 22.078 | 22.077 | 0.01 |
| Roe | 0.049 | 0.041 | 0.86 |
| Lev | 0.523 | 0.523 | -0.08 |
| First | 37.033 | 37.155 | -0.18 |
| Board | 9.074 | 9.009 | 0.83 |
| Meeting | 9.097 | 9.107 | -0.06 |
| Ind | 0.362 | 0.363 | -0.73 |
| Salary | 14.051 | 14.046 | 0.17 |

Panel B：传染效应与超额在职消费：PSM 配对后

| | (1) |
|---|---|
| | 被解释变量：Abperk |
| Contagion | 0.003* |
| | (1.88) |
| Size | -0.007*** |
| | (-4.51) |

续表

| | （1） |
|---|---|
| | 被解释变量：Abperk |
| Roe | 0.008 |
| | (1.45) |
| Lev | −0.009 |
| | (−1.37) |
| First | 0.000 |
| | (1.03) |
| Board | 0.000 |
| | (0.44) |
| Meeting | −0.000 |
| | (−0.90) |
| Ind | 0.008 |
| | (0.36) |
| Salary | 0.008*** |
| | (4.56) |
| INDUSTRY | YES |
| YEAR | YES |
| Constant | 0.023 |
| | (0.69) |
| N | 1854 |
| Adj_ $R^2$ | 0.054 |

注：*、**、***分别表示在10%、5%、1%水平上显著。

# 本章小结

　　本书基于委托代理理论，从实际控制人控股多家上市公司角度，研究了超额在职消费的传染效应，并进一步证实了实际控制人性质，控股企业行业、地域分布特征，以及成员企业内外部治理环境，能够对超额在职消费传染效应产生显著影响。本书参考现有文献，定义当存在同一实际控制人在某一年度同时控制两家及以上上市公司时，上市公司属于实际控制人同时控制多家上市公司（He et al.，2013；Buchuk et al.，2014；蔡卫星等，2015；纳鹏杰等，2017），并得出以下结论。当实际控制人控股下某一企业超额在职消费大幅上升时，下一年度实际控制人控股其他成员企业超额在职消费显著提升，存在超额在职消费的传染效应，并且这一效应主要存在于国有企业、控股企业分布在同一行业和控股企业分布在同一地域的样本。进一步研究发现，管理者薪酬较高、媒体监督力度较强、内部控制质量较高的企业，不会受到传染效应的影响。

本书研究不仅丰富了实际控制人监督和在职消费领域的相关文献，同时具有较为重要的实践意义。对于实际控制人而言，意识到控股上市公司存在超额在职消费的传染效应，以及传染效应带来的持续性负面影响，有助于实际控制人采取针对性措施，避免某一成员企业管理者的负面行为，在全部控股企业内的扩散。实际控制人应当结合内外部公司治理机制，抑制超额在职消费传染效应。同时，证实实际控制人性质和控股企业行业、地域分布对超额在职消费传染效应的影响，有助于实际控制人结合自身特征，有效抑制管理者超额在职消费行为。但本书同样存在一定不足：受到数据来源影响，样本只包含实际控制人控股的上市公司。因此，如何更加全面地分析同一实际控制人控股多家上市公司间的传染效应，在未来值得进一步研究。

# 5

## 实际控制人控股多家上市公司、
## 超额在职消费和股利分配关系研究

### 5.1  引言

在我国，推动国有企业集团化建设，成立了大批跨地区、跨行业乃至跨国家的企业集团，是国企改革的重要组成部分（李有荣，1994）。这些国有大型企业集团为了更好地利用自身规模优势，持续推动下属子公司上市，形成了一家国有大型集团同时控制多家上市公司的特殊情况。例如，截至 2015 年底，中国化工集团同时控制着沙隆达（000553）、沈阳化工（000698）等多家上市公司。同时，随着我国民营企业规模不断壮大，涌现出"复星系""海航系"等同时控制着多家上市公司的民营企业集团。现有文献证实，同时控股多家上市公司，能够有效缓解企业融资约束、降低企业经营风险（He et al.，2013）。但是，随着控股上市公司数量增加，对上市公司的管理也更加复杂。在这种背景下，实际控制人同时控制多家上市公司，可能导致上市公司的委托代理问题出现变化，进而影响上市公司的股利分配行为。但是，尚未有文献针对这一背景下的股利分配行为进行深入研究。因此，本书试图从实际控制人同时控制多家上市公司作为本书主要研究视角，研究这种背景下股利分配行为是否与其他上市公司存在差异。

针对上市公司的股利分配行为，代理理论认为，股利起到了降低管理者代理成本的作用，企业向股东支付股利的行为，降低了管理者控制资源规模，削弱了管理者权力，使管理者在经营过程中，不得不从外界筹集新的资金并接受外部资本市场的监督（Easterbrook，1984）。进一步，La Porta 等（2000）提出了股利的两个代理模型，其中股利的"结果模型"认为，股利分配是股东向公司内部人施压的结果，代理成本较低的企业倾向于发放更多的股利，并且这一模型得到了国际数据支持。管理者委托代理问题的大小，对上市公司股利分配行为存在显著影响。实际控制人作为上市公司的最终所有者，对上市公司存在重大影响。现有文献证实，实际控制人的监督作用，能够有效提升企业的治理水平，降低管理层的委托代理问题（林乐等，2013；叶继英和张敦力，2014；窦欢等，2014；孙光国和孙瑞琦，2018），在实际控制人对上市公司的关注程度较高的情况下，能够起到更好的监督作用，降低企业代理成本，提升企业价值（Kang et al.，2017）。但是，随着实际控制人控股上市公司数量增加，对上市公司的管理也更加复杂。由于实际控制人对上市公司的关注是有限的，当实际控制人同时控股多家上市公司时，管理上市公司难度加大，对单一上市公司的关注程度降低，对高管的监管力度下降，最终导致上市公司委托代理问题更加严重。同时，本书在第 4 章中证实，在实际控制人控股多家上市公司的情况下，实际控制人的关注程度和监督作用下降导致管理者有更大的寻租空间，存在更多的超额在职消费行为。在这种情况下，管理者为了为自身超额在职消费行为提供更多的资金支持，倾向于将更多的现金资源留在企业内部，降低公司的股利分配水平。因此，本书认为，与其他企业相比，当上市公司所属实际控制人同时控股多家上市公司时，很可能会表现出更低的股利分配水平。

基于上述分析，本书以 2007～2015 年中国 A 股上市公司为研究样本，参考现有研究，定义实际控制人同时控制两家及以上上市公司时，为控股多家上市公司（He et al.，2013；Buchuk et al.，2014；蔡卫星等，2015；纳鹏杰等，2017），实证检验控股多家上市公司与股利分配行为之间的关系。本书依据年报披露控制图，手工搜集上市公司所属实际控制人。研究发现，上市公司所属实际控制人控股多家上市公司时，其股利分配水平更低；实际控制人控股多家上市公司对股利分配水平的负面影响，主要通过影响管理者超额在职消费实现。进一步地，我们发现控股多家上市公司对股利分配的负面影响，主要发生在国有企业、媒体监督水平较差企业和分析师关注度较低企业。

本章的贡献主要体现在以下三点：第一，丰富了股利分配水平影响因素的相关研究。针对股利分配水平的影响因素，当前学者从公司治理角度进行了深入研究（吕长江和张海平，2012；冯慧群和马连福，2013；王茂林等，2014）。但是，较少有文献关注实际控制人监督对股利分配水平的影响。丰富了股利分配水平影响因素的文献。第二，丰富了实际控制人监督的相关研究。针对实际控制人的监督作用，学者们已经做出了一定研究（林乐等，2013；窦欢等，2014；孙光国和孙瑞琦，2018），但是尚未有文献研究实际控制人控股上市公司数量对公司股利分配水平的影响。关注了实际控制人控股上市公司数量与股利分配水平的关系，发现不同背景下的企业会表现出股利分配水平的差异，丰富了实际控制人监督作用的研究。第三，丰富了超额消费领域的相关研究。本书证实，在存在管理者超额在职消费行为的情况下，实际控制人监督作用下降，会导致上市公司股利分配水平下降，进而损害股东利益，丰富了超额在职消费行为的经济后果的相关研究。第四，丰富了产权性质、媒体监督和分析师关注度领域的相关研究。本书证实了，良好的媒体监督和分析师关注度能够抑制控股多家上市公司对股利分配行为的负面影响；当上市公司实际控制人为自然人时，控股多家上市公司不会影响股利分配水平。进一步验证了良好的公司治理机制对股利分配水平的促进作用。

## 5.2 理论分析与假设提出

针对上市公司的股利分配行为，代理理论认为，股利起到了降低管理者代理成本的作用，企业向股东支付股利的行为，降低了管理者控制资源规模，削弱了管理者权力，使得管理者在经营过程中，不得不从外界筹集新的资金并接受外部资本市场的监督（Easterbrook，1984）。Jensen（1986）认为，由于公司股东与管理者之间的利益冲突，使管理者倾向于将企业的自由现金用于过度投资行为和在职消费行为，而公司股利分配行为通过降低管理者控制的自由现金流，进而起到抑制管理者过度投资和在职消费的作用。这一结论同样得到了中国数据的支持（魏明海和柳建华，2007；罗宏和黄文华，2008）。进一步，La Porta 等（2000）提出了股利的两个代理模型，其中股利的"结果模型"认为，股利分配是股东向公司内部人施压的结果，代理成本较低的企业倾向于发放更多的股利，并且这一模型得到了国际数据支持。随后，国内学者发现，管理者有能力出于自身利益，影响上市公司的股利政策，特别是在管理者所受监督力度较弱，管理者委托代理问题更为严重的情况下，上市公司股利分配行为显著降低（吕长江和张海平，2012；冯慧群和马连福，2013；王茂林等，2014）。综上所述，本书认为，管理者委托代理问题大小，对上市公司股利分配行为存在显著影响。

实际控制人作为上市公司的最终所有者，对上市公司存在重大影响。现有文献证实，实际控制人的监督作用，能够有效提升企业的治理水平，降低管理层的自利行为（林乐等，2013；叶继英和张敦力，2014；窦欢等，2014；孙光国和孙瑞琦，2018）。相对于美国等发达资本市场，我国资本市场并未对同时控股多家上市公司做出限制，部分企业集团为充分利用自身规模优势，扩大融资能力，纷纷推动下属子公司上市，形成了同一实际控制人同时控股多家上市公司的特殊情况。这种特殊情况能够有效缓解企业融资约束、降低企业经营风险（He et al.，2013）。但是，随着实际控制人控股上市公司数量增加，对上市公司的管理也更加复杂。有限关注理论认为，个体对某一事物的关注是一种稀缺的资源，个体对特定事物的关注是以减少对其他事物的关注为代价的（Kahneman，1973）。进一步地，现有学者证实，实际控制人对上市公司的关注同样是一项稀缺的资源，在实际控制人对上市公司的关注程度较高的情况下，能够起到更好的监督作用，降低企业代理成本，提升企业价值（Kang et al.，2017）。由于实际控制人对上市公司的关注是有限的，当实际控制人同时控股多家上市公司时，管理上市公司难度加大。并且由于需要关注的上市公司数量增加，必然导致实际控制人对单一上市公司的关注程度降低，对高管的监管力度下降，最终导致上市公司委托代理问题更加严重。同时，本书在第4章中证实，在实际控制人控股多家上市公司的情况下，实际控制人的关注程度和监督作用下降导致管理者有更大的寻租空间，存在更多的超额在职消费行为。由于发放现金股利会导致管理者能够支配的企业资源减少，不利于管理者进行在职消费行为（罗宏和黄文华，2008），在这种情况下，管理者为了能够为自身超额在职消费行为提供更多的资金支持，倾向于将更多的现金资源留在企业内部，降低公司的股利分配水平。综上所述，本书认为，实际控制人同时控股多家上市公司，可能影响上市公司的股利分配行为。据此，提出假设1。

假设1：当上市公司所属实际控制人同时控制多家上市公司时，相对于其他上市公司，股利分配水平更低。

如前文所述，实际控制人同时控股多家上市公司，导致管理者委托代理问题更为严重，上市公司股利分配行为减少。当前学者认为，管理者超额在职消费属于代理成本的一种（Jensen，1986；耿云江和王明晓，2016），超额在职消费行为的高低，反映了管理者代理成本的高低。罗宏和黄文华（2008）研究证实，在职消费规模和股利分配水平之间存在显著负相关关系。本书证实，当实际控制人同时控股多家上市公司，导致管理者超额在职消费提升的情况下，管理者为了能够有更多的资源，用于满足自身利益，可能降低股利分配水平，从而将更多的现金资源留在企业内部。据此，提出假设2：

假设2：控股多家上市公司通过影响超额在职消费水平，进而影响股利分配水平。

## 5.3　研究设计

### 5.3.1　研究样本选择

本书使用2007~2015年A股上市公司样本进行实证研究，按照以下标准对样本进行筛选：①剔除金融业样本；②剔除同时发行A、B股或A、H股的样本；③剔除净利润小于0的样本；④剔除其他变量存在缺失的样本，最终得到2007~2015年共计13697个观测值。本书所需财务数据全部来源于国泰安数据库（CSMAR），媒体数据来源于中国研究数据服务平台（CNRDS）。为剔除极端值的影响，对所有连续变量在1%和99%水平进行Winsorize处理。

### 5.3.2　变量定义

（1）控股多家上市公司。我国A股上市公司普遍存在特定实际控制人，本书实际控制人数据依靠上市公司年报中披露的控制图进行手工搜集。国有企业的实际控制人，为控制图中距离各级政府、各级国资委和高校等最近的经济实体，民营企业的实际控制人为实际控制上市公司的自然人。参考现有文献，定义当存在同一实际控制人在某一年度同时控制两家及以上上市公司时，上市公司属于实际控制人同时控制多家上市公司，此时 Group 取值为1，否则 Group 取值为0

（He et al. ，2013；蔡卫星等，2015）。

（2）股利分配。本书使用股利支付率度量股利分配，股利支付率＝每股股利÷每股收益。

（3）超额在职消费。我们参考 Luo 等（2011）和权小锋等（2010）的方法，首先，将管理费用扣除董事、高管、监事薪酬和无形资产摊销等明显不属于在职消费项目后的剩余金额，计算出企业在职消费总规模（Perk），超额在职消费，即等于在职消费总额与由经济因素决定的预期正常在职消费之间的差额。计算公式如下：

$$\frac{Perk_t}{Asset_{t-1}} = \beta_0 + \beta_1 \frac{1}{Asset_{t-1}} + \beta_2 \frac{\Delta Sale_t}{Asset_{t-1}} + \beta_3 \frac{PPE_t}{Asset_{t-1}} + \beta_4 \frac{Inventory_t}{Asset_{t-1}} +$$

$$\beta_5 lnEmployee_t + \varepsilon \qquad\qquad (5-1)$$

其中，$Perk_t$ 表示企业在职消费，为管理费用扣除董事、高管、监事薪酬和无形资产摊销等明显不属于在职消费项目后剩余的金额；$Asset_{t-1}$ 为企业上期总资产；$\Delta Sale_t$ 为主营业务收入变动额；$PPE_t$ 为本期固定资产净值；$Inventory_t$ 为本期存货总额；$lnEmployee_t$ 为企业员工企业自然对数。按年度行业对样本进行回归分析，回归所得因变量预测值表示企业正常在职消费规模，实际在职消费与正常在职消费的差额表示企业超额在职消费（Abperk）。

（4）其他变量。根据以往文献，本书从企业基本特征和公司治理特征两方面，选取了模型中相关控制变量（王茂林等，2014；杜兴强和谭雪，2017）。企业基本特征方面包括盈利能力、企业规模、现金持有水平和偿债能力，公司治理特征方面包括独立董事比例、董事会规模、第一大股东持股、董事会持股、机构投资者持股和高管薪酬。同时，为控制半强制分红政策对上市公司股利支付行为的影响，本书控制了上市公司的再融资需求。此外，加入年度哑变量和行业哑变量，以分别控制年度和行业固定效应。具体定义如表5－1所示。

表 5 - 1　变量定义

| | 变量名称 | 符号 | 变量定义 |
|---|---|---|---|
| 被解释变量 | 股利分配 | Div | 每股股利/每股收益 |
| 解释变量 | 控股多家上市公司 | Group | 如前文所述 |
| | 超额在职消费 | Abperk | 如前文所述 |
| | 盈利能力 | Roa | 总资产收益率 |
| | 企业规模 | Size | 总资产自然对数 |
| | 现金持有水平 | Cash | 货币资金÷总资产 |
| | 偿债能力 | Lev | 资产负债率 |
| 控制变量 | 独立董事比例 | Ind | 独立董事人数÷董事人数 |
| | 董事会规模 | Board | 董事人数 |
| | 第一大股东持股 | First | 第一大股东持股比例 |
| | 董事会持股 | Boardstock | 董事会持股比例 |
| | 机构投资者持股 | Insisition | 机构投资者持股比例 |
| | 高管薪酬 | Salary | 高管前三名薪酬对数 |
| | 再融资 | Refinance | 公司有再融资需求时，取值为1；否则取值为0 |

### 5.3.3　实证模型

为检验假设1，本书参考以往研究建立模型（5 - 2）（王茂林等，2014；杜兴强和谭雪，2017），如果假设1成立，$\beta_1$ 应当显著为负。

$$Div_{i,t} = \beta_0 + \beta_1 Group_{i,t} + \beta_2 Roa_{i,t} + \beta_3 Size_{i,t} + \beta_4 Cash_{i,t} + \beta_5 Lev_{i,t} + \beta_6 Ind_{i,t} +$$

$$\beta_7 Board_{i,t} + \beta_8 First_{i,t} + \beta_9 Boardstock_{i,t} + \beta_{10} Insisition_{i,t} + \beta_{11} Salary_{i,t} +$$

$$\beta_{12} Refinance_{i,t} + Industry + Year + \varepsilon_{i,t} \qquad (5-2)$$

为了检验超额在职消费是否控股多家上市公司影响股利分配水平的中介变量，本书建立模型（5 - 3）和模型（5 - 4）。

$$Abperk_{i,t} = \beta_0 + \beta_1 Group_{i,t} + \beta_2 Roa_{i,t} + \beta_3 Size_{i,t} + \beta_4 Cash_{i,t} + \beta_5 Lev_{i,t} + \beta_6 Ind_{i,t} +$$

$$\beta_7 Board_{i,t} + \beta_8 First_{i,t} + \beta_9 Boardstock_{i,t} + \beta_{10} Insisition_{i,t} + \beta_{11} Salary_{i,t} +$$

$$\beta_{12} Refinance_{i,t} + Industry + Year + \varepsilon_{i,t} \qquad (5-3)$$

$$Div_{i,t} = \beta_0 + \beta_1 Abperk_{i,t} + \beta_2 Group_{i,t} + \beta_3 Roa_{i,t} + \beta_4 Size_{i,t} + \beta_5 Cash_{i,t} + \beta_6 Lev_{i,t} +$$

$$\beta_7 \text{Ind}_{i,t} + \beta_8 \text{Board}_{i,t} + \beta_9 \text{First}_{i,t} + \beta_{10} \text{Boardstock}_{i,t} + \beta_{11} \text{Insititution}_{i,t} +$$

$$\beta_{12} \text{Salary}_{i,t} + \beta_{13} \text{Refinance}_{i,t} + \text{Industry} + \text{Year} + \varepsilon_{i,t} \qquad (5-4)$$

## 5.4  实证结果分析

### 5.4.1  描述性统计分析

表 5-2 报告了样本主要变量描述统计情况。分析可得,股利分配(Div)均值(中位数)为 0.262(0.200),标准差为 0.301,说明不同企业间股利分配存在一定差异。控股多家上市公司均值(中位数)为 0.241(0.000),说明实际控制人同时控股多家上市公司的情况相对较少。超额在职消费(Abperk)均值(中位数)为 -0.0001(-0.003),说明较多企业实际在职消费水平小于预期在职消费水平。

表 5-2  主要变量描述性统计

| 变量 | 样本数 | 均值 | 中位数 | 标准差 | 最小值 | 最大值 |
|---|---|---|---|---|---|---|
| Div | 13697 | 0.262 | 0.200 | 0.301 | 0.000 | 1.679 |
| Group | 13697 | 0.241 | 0.000 | 0.428 | 0.000 | 1.000 |
| Abperk | 13697 | -0.0001 | -0.003 | 0.031 | -0.078 | 0.117 |
| Roa | 13697 | 0.050 | 0.040 | 0.042 | 0.000 | 0.228 |
| Size | 13697 | 21.787 | 21.670 | 1.161 | 18.828 | 25.681 |
| Cash | 13697 | 0.196 | 0.156 | 0.145 | 0.007 | 0.750 |
| Lev | 13697 | 0.441 | 0.439 | 0.219 | 0.045 | 1.353 |
| Ind | 13697 | 0.369 | 0.333 | 0.052 | 0.300 | 0.571 |
| Board | 13697 | 8.828 | 9.000 | 1.739 | 3.000 | 18.000 |
| First | 13697 | 35.607 | 33.650 | 15.133 | 8.770 | 75.920 |
| Boardstock | 13697 | 0.104 | 0.000 | 0.185 | 0.000 | 0.679 |
| Insititution | 13697 | 35.898 | 35.450 | 23.192 | 0.000 | 86.800 |
| Salary | 13697 | 13.992 | 14.010 | 0.730 | 11.958 | 15.882 |
| Refinance | 13697 | 0.328 | 0.000 | 0.469 | 0.000 | 1.000 |

表 5-3 是本书主要变量的相关性分析,结果显示,控股多家上市公司

表 5 - 3　主要变量相关性分析

| | Div | Group | Abperk | Roa | Size | Cash | Lev | Ind | Board | First | Boardstock | Insititution | Salary | Refinance |
|---|---|---|---|---|---|---|---|---|---|---|---|---|---|---|
| Div | 1.000 | | | | | | | | | | | | | |
| Group | -0.045 | 1.000 | | | | | | | | | | | | |
| Abperk | -0.007 | 0.018 | 1.000 | | | | | | | | | | | |
| Roa | -0.018 | -0.069 | 0.221 | 1.000 | | | | | | | | | | |
| Size | 0.036 | 0.209 | -0.116 | -0.105 | 1.000 | | | | | | | | | |
| Cash | 0.137 | -0.072 | 0.137 | 0.277 | -0.228 | 1.000 | | | | | | | | |
| Lev | -0.207 | 0.166 | -0.110 | -0.302 | 0.399 | -0.427 | 1.000 | | | | | | | |
| Ind | -0.012 | -0.062 | -0.017 | -0.005 | 0.002 | 0.026 | -0.031 | 1.000 | | | | | | |
| Board | 0.034 | 0.115 | -0.017 | -0.025 | 0.255 | -0.073 | 0.146 | -0.401 | 1.000 | | | | | |
| First | 0.095 | 0.088 | -0.025 | 0.062 | 0.249 | -0.012 | 0.033 | 0.045 | 0.010 | 1.000 | | | | |
| Boardstock | 0.124 | -0.285 | 0.041 | 0.120 | -0.254 | 0.260 | -0.352 | 0.100 | -0.190 | -0.085 | 1.000 | | | |
| Insititution | 0.041 | 0.177 | 0.040 | 0.118 | 0.402 | -0.039 | 0.115 | -0.024 | 0.138 | 0.274 | -0.333 | 1.000 | | |
| Salary | 0.127 | 0.050 | 0.158 | 0.163 | 0.443 | 0.072 | -0.004 | 0.019 | 0.088 | 0.050 | -0.004 | 0.302 | 1.000 | |
| Refinance | -0.017 | -0.032 | -0.016 | 0.010 | -0.054 | -0.018 | 0.059 | -0.002 | 0.006 | -0.002 | 0.076 | -0.019 | -0.042 | 1.000 |

（Group）和股利分配（Div）之间负相关，该结果初步表明，当上市公司所属实际控制人同时控股多家上市公司时，上市公司股利分配水平更低。分析主要变量之间的相关系数可得，各变量之间相关系数比较小，说明模型设定效果较好。

本书按照 Group 取值将样本分为两组，进行单变量检验，表 5 - 4 是检验结果。表 5 - 4 中，当上市公司所属实际控制人同时控股多家上市公司时，其股利分配的均值和中位数均低于其他上市公司，且均值和中位数的差异在 1% 水平上显著。

**表 5 - 4　单变量参数检验**

|  | 均值 | 中位数 |  | 均值 | 中位数 | T 检验 | Z 检验 |
|---|---|---|---|---|---|---|---|
| Group = 0 | 0.269 | 0.209 | Group = 1 | 0.238 | 0.169 | 5.25 *** | 6.98 *** |

注：*、**、*** 分别表示在 10%、5%、1% 水平上显著。

### 5.4.2　多元回归结果与分析

表 5 - 5 报告了模型（2）的回归结果。其中，回归（1）中，在不控制任何控制变量的情况下，控股多家上市公司（Group）的系数为 - 0.031，在 1% 水平上显著；回归（2）中，在控制上市公司行业和年度固定效应后，控股多家上市公司（Group）的系数为 - 0.029，在 1% 水平上显著；回归（3）中，我们进一步控制上市公司基本特征后，控股多家上市公司（Group）的系数为 - 0.029，在 1% 水平上显著；回归（4）中，进一步控制上市公司治理特征后，控股多家上市公司（Group）的系数为 - 0.025，在 1% 水平上显著；回归（5）中，我们进一步控制上市公司再融资需求后，控股多家上市公司（Group）的系数为 - 0.026，在 1% 水平上显著。综上所述，控股多家上市公司与股利分配呈负相关关系，说明当上市公司所属实际控制人同时控股多家上市公司时，上市公司股利分配规模更小，支持了假设 1。

表5－5　控股多家上市公司与股利

| | （1） | （2） | （3） | （4） | （5） |
|---|---|---|---|---|---|
| Group | −0.031*** | −0.029*** | −0.029*** | −0.025*** | −0.026*** |
| | （−3.41） | （−3.15） | （−3.29） | （−2.92） | （−2.94） |
| Roa | | | −0.709*** | −0.946*** | −0.945*** |
| | | | （−7.81） | （−10.34） | （−10.35） |
| Size | | | 0.041*** | 0.017*** | 0.017*** |
| | | | （11.86） | （4.20） | （4.16） |
| Cash | | | 0.215*** | 0.179*** | 0.178*** |
| | | | （7.79） | （6.67） | （6.63） |
| Lev | | | −0.316*** | −0.281*** | −0.280*** |
| | | | （−16.65） | （−14.37） | （−14.22） |
| Ind | | | | −0.074 | −0.074 |
| | | | | （−1.08） | （−1.08） |
| Board | | | | 0.008*** | 0.008*** |
| | | | | （3.61） | （3.61） |
| First | | | | 0.002*** | 0.002*** |
| | | | | （7.38） | （7.38） |
| Boardstock | | | | 0.116*** | 0.117*** |
| | | | | （5.06） | （5.15） |
| Insititution | | | | 0.000** | 0.000** |
| | | | | （2.44） | （2.47） |
| Salary | | | | 0.047*** | 0.047*** |
| | | | | （7.24） | （7.25） |
| Refinance | | | | | −0.005 |
| | | | | | （−0.90） |
| Constant | 0.269*** | 0.222*** | −0.482*** | −0.713*** | −0.711*** |
| | （57.38） | （5.14） | （−5.72） | （−7.16） | （−7.13） |
| INDUSTRY | NO | YES | YES | YES | YES |
| YEAR | NO | YES | YES | YES | YES |
| N | 13697 | 13697 | 13697 | 13697 | 13697 |
| Adj_ R² | 0.00194 | 0.0277 | 0.0862 | 0.107 | 0.107 |

注：*、**、***分别表示在10%、5%、1%水平上显著。

表5-6报告了模型（5-2）、模型（5-3）和模型（5-4）的回归结果。分析可得，回归（1）中，控股多家上市公司（Group）与股利分配水平（Div）显著负相关；回归（2）中，控股多家上市公司（Group）与超额在职消费（Abperk）显著正相关；回归（3）中，控股多家上市公司（Group）与股利分配水平（Div）显著负相关，超额在职消费（Abperk）与股利支付水平（Div）显著负相关。上述结果说明，超额在职消费可能是控股多家上市公司影响股利支付水平的部分中介变量。随后进行了Sobel检验，Z值为 $-1.873$，小于临界值 $-0.97$，说明中介效应显著。

**表5-6　控股多家上市公司与股利—超额在职消费影响**

| | (1)<br>Div | (2)<br>Abperk | (3)<br>Div |
|---|---|---|---|
| Abperk | | | $-0.235^{**}$<br>$(-2.21)$ |
| Group | $-0.026^{***}$<br>$(-2.94)$ | $0.004^{***}$<br>$(3.51)$ | $-0.025^{***}$<br>$(-2.82)$ |
| Roa | $-0.945^{***}$<br>$(-10.35)$ | $0.114^{***}$<br>$(9.40)$ | $-0.918^{***}$<br>$(-10.03)$ |
| Size | $0.017^{***}$<br>$(4.16)$ | $-0.006^{***}$<br>$(-11.66)$ | $0.015^{***}$<br>$(3.76)$ |
| Cash | $0.178^{***}$<br>$(6.63)$ | $0.016^{***}$<br>$(4.02)$ | $0.181^{***}$<br>$(6.74)$ |
| Lev | $-0.280^{***}$<br>$(-14.22)$ | $0.005^{*}$<br>$(1.68)$ | $-0.279^{***}$<br>$(-14.19)$ |
| Ind | $-0.074$<br>$(-1.08)$ | $-0.008$<br>$(-0.87)$ | $-0.076$<br>$(-1.11)$ |
| Board | $0.008^{***}$<br>$(3.61)$ | $0.000$<br>$(0.25)$ | $0.008^{***}$<br>$(3.62)$ |
| First | $0.002^{***}$<br>$(7.38)$ | $-0.000$<br>$(-1.03)$ | $0.002^{***}$<br>$(7.36)$ |

| | (1) | (2) | (3) |
|---|---|---|---|
| | Div | Abperk | Div |
| Boardstock | 0.117*** | 0.002 | 0.118*** |
| | (5.15) | (0.58) | (5.17) |
| Insititution | 0.000** | 0.000*** | 0.000** |
| | (2.47) | (2.75) | (2.56) |
| Salary | 0.047*** | 0.009*** | 0.049*** |
| | (7.25) | (12.17) | (7.56) |
| Refinance | −0.006 | −0.001 | −0.006 |
| | (−0.90) | (−0.89) | (−0.93) |
| Constant | −0.711*** | 0.006 | −0.709*** |
| | (−7.13) | (0.45) | (−7.13) |
| INDUSTRY | YES | YES | YES |
| YEAR | YES | YES | YES |
| N | 13697 | 13697 | 13697 |
| Adj_ $R^2$ | 0.107 | 0.109 | 0.107 |

注：*、**、***分别表示在10%、5%、1%水平上显著。

## 5.5 进一步研究

### 5.5.1 产权性质影响

前文证实，在实际控制人同时控股多家上市公司的情况下，由于实际控制人监督作用下降，委托代理问题提升，管理者倾向于将更多资源留在企业内部用于超额在职消费，导致上市公司股利分配水平降低。为进一步证实上述影响路径的存在，本书从产权性质角度，分析控股多家上市公司是否通过影响实际控制人的监督作用，进而影响到上市公司股利分配水平。

本书认为，上市公司产权性质主要通过以下路径，影响控股多家上市公司与股利分配水平间的关系：第一，私有产权激励理论认为，私人占有的公司资产具有天然的排他性，这种排他性保证了资产所有者的未来收益不被他人侵占，能够激励所有者关心公司资产，监督与约束公司代理人（刘芍佳和李骥，1998；刘磊等，2004）。相对而言，国有公司存在"所有者缺失"现象，国有上市公司的实际控制人是上级公司，而非上市公司的所有者，此时国有上市公司的实际控制人对下属公司的监督作用要小于民营上市公司实际控制人，存在明显的治理失效问题（刘磊等，2004）。因此，当国有企业实际控制人同时控股多家上市公司时，会使本身较为薄弱的监督作用受到进一步削弱，管理者委托代理问题进一步提升。第二，本书第4章中证实，与民营企业相比，国有企业限薪令的存在，使在职消费成为国有企业管理人员的替代性选择（陈冬华等，2005；张楠和卢洪友，2017）。控股多家上市公司对管理者超额在职消费水平的影响，主要发生在国有上市公司。上述路径的存在，使在上市公司为国有企业的情况下，实际控制人的监督职能被进一步削弱，管理者存在更多的自利行为，导致上市公司股利分配水平进一步下降。

　　基于上述分析，本书从产权性质角度，将样本分为民营企业样本和国有企业样本，实证检验控股多家上市公司是否通过影响实际控制人监督职能，进而影响上市公司股利分配水平。表5-7报告回归结果表明，在民营企业样本中，控股多家上市公司（Group）系数为0.013，并且不显著；在国有企业样本中，控股多家上市公司（Group）系数为-0.021，在5%水平上显著，说明实际控制人同时控股多家上市公司对股利分配行为的影响，主要发生在国有企业。

表5-7　控股多家上市公司与股利——产权性质影响

| | 民营企业<br>（1） | 国有企业<br>（2） |
| --- | --- | --- |
| Group | 0.013<br>（0.66） | -0.021**<br>（-2.03） |

续表

| | 民营企业<br>（1） | 国有企业<br>（2） |
|---|---|---|
| Roa | − 0. 930 *** | − 1. 140 *** |
| | （ − 8. 28） | （ − 7. 35） |
| Size | 0. 006 | 0. 029 *** |
| | （1. 08） | （5. 44） |
| Cash | 0. 195 *** | 0. 134 *** |
| | （5. 97） | （3. 07） |
| Lev | − 0. 245 *** | − 0. 315 *** |
| | （ − 9. 98） | （ − 10. 15） |
| Ind | − 0. 119 | 0. 006 |
| | （ − 1. 16） | （0. 06） |
| Board | 0. 009 ** | 0. 009 *** |
| | （2. 49） | （2. 96） |
| First | 0. 002 *** | 0. 001 *** |
| | （6. 67） | （3. 71） |
| Boardstock | 0. 066 *** | 0. 730 *** |
| | （2. 62） | （3. 36） |
| Insititution | 0. 000 | 0. 001 *** |
| | （0. 33） | （4. 91） |
| Salary | 0. 054 *** | 0. 036 *** |
| | （5. 92） | （4. 24） |
| Refinance | − 0. 004 | − 0. 008 |
| | （ − 0. 47） | （ − 0. 88） |
| Constant | − 0. 649 *** | − 0. 778 *** |
| | （ − 4. 43） | （ − 6. 07） |
| INDUSTRY | YES | YES |
| YEAR | YES | YES |
| N | 7805 | 5892 |
| Adj_ $R^2$ | 0. 116 | 0. 0967 |

注：*、**、***分别表示在10%、5%、1%水平上显著。

### 5.5.2 媒体监督影响

前文从企业产权性质角度，证实实际控制人同时控股多家上市公司，是通过影响实际控制人监督职能，进一步影响上市公司股利分配行为。随后，试图从上市公司外部治理角度，证实上述影响路径的存在。媒体治理理论认为，媒体是新兴市场上一项重要的制度安排，能够制止企业内部侵害投资者权益的行为（Dyck et al.，2008）。本书认为，媒体监督对控股多家上市公司与股利分配行为的影响，主要通过以下路径实现：一方面，现有文献证实，媒体是一种有效的信息媒介（Miller，2006），通过对信息的收集、加工和传播，起到降低股东与管理者之间的信息不对称，进而降低管理者超额在职消费的作用（耿云江和王明晓，2016）。另一方面，现有学者认为，媒体监督水平较高时，管理者更可能因不当行为而受到惩罚（Dyck et al.，2008），甚至会引起司法部门的介入（李培功和沈艺峰，2010）。2001 年以来，为了维护股东的应有权益和资本市场的稳定，证监会越来越关注上市公司的股利分配行为。因此，在媒体监督水平较高的情况下，管理者降低股利分配的行为，可能会引起证监会的关注和介入。上述路径的存在，使媒体监督能够实现对实际控制人监督职能的有效替代，在媒体监督水平较高的情况下，实际控制人监督作用下降引起的负面作用受到抑制。基于上述分析，本书从媒体监督角度，实证检验控股多家上市公司是否通过影响实际控制人监督职能，进而影响管理者超额在职消费行为。

本书媒体报道数据来自 CNRDS 数据库，参考 Core 等（2008）的研究，使用上市公司负面报道作为媒体监督的代理变量。定义，当负面报道水平高于行业一年度均值时，为媒体监督较强组；当负面报道水平低于行业一年度均值时，为媒体监督较弱组，进行分组回归。表 5 - 8 报告的回归结果表明，在媒体监督水平较低组，控股多家上市公司（Group）系数为 - 0.037，在 1% 水平上显著；在媒体监督较强组，控股多家上市公司（Group）系数为 - 0.015，并且不显著。说明当上市公司媒体监督水平较高时，控股多家上市公司对股利分配水平的负面影响受到抑制。

表5－8　控股多家上市公司与股利——媒体监督影响

| | 媒体监督水平较低<br>（1） | 媒体监督水平较高<br>（2） |
|---|---|---|
| Group | -0.037*** | -0.015 |
| | (-3.12) | (-1.38) |
| Roa | -1.001*** | -0.932*** |
| | (-8.30) | (-7.91) |
| Size | 0.018*** | 0.016*** |
| | (3.07) | (3.12) |
| Cash | 0.146*** | 0.215*** |
| | (4.24) | (6.09) |
| Lev | -0.253*** | -0.302*** |
| | (-9.95) | (-11.76) |
| Ind | -0.252*** | 0.061 |
| | (-2.75) | (0.70) |
| Board | 0.009*** | 0.007** |
| | (3.13) | (2.52) |
| First | 0.002*** | 0.002*** |
| | (5.16) | (6.54) |
| Boardstock | 0.128*** | 0.107*** |
| | (4.53) | (3.55) |
| Insititution | 0.000 | 0.001** |
| | (0.90) | (2.50) |
| Salary | 0.046*** | 0.047*** |
| | (5.70) | (5.89) |
| Refinance | -0.005 | -0.005 |
| | (-0.61) | (-0.62) |
| Constant | -0.678*** | -0.735*** |
| | (-5.23) | (-5.86) |
| INDUSTRY | YES | YES |
| YEAR | YES | YES |
| N | 6695 | 6982 |
| Adj_ R² | 0.111 | 0.106 |

注：*、**、***分别表示在10%、5%、1%水平上显著。

### 5.5.3 分析师关注度影响

前文从媒体角度研究上市公司外部治理机制是否影响控股多家上市公司与超额在职消费水平间的关系，进而证实控股多家上市公司是否通过影响实际控制人监督职能，进而影响到管理者超额在职消费行为。当前学者认为，除媒体外，分析师同样是我国资本市场重要的参与者和组成部分（许年行等，2012）。在资本市场中，分析师不仅是重要的信息中介，同时也是重要的外部治理机制（Du，2014）。例如，现有文献证实，较高的分析师关注度能够有效降低企业盈余管理行为（Sun，2009），并且这一结论同样得到了中国数据的支持（吴武清和万嘉澄，2018）。现有文献进一步证实，分析师关注与其他公司治理机制之间存在显著的相互替代效应（杜兴强和谭雪，2017），并且起到了监督上市公司管理者的作用（Sun and Liu，2011）。上述路径的存在，使分析师能够实现对实际控制人监督职能的有效替代，在分析师关注度较高的情况下，实际控制人监督作用下降引起的负面作用受到抑制。基于上述分析，本书从分析师关注度角度，实证检验控股多家上市公司是否通过影响实际控制人监督职能，进而影响股利分配行为。

本书参考现有文献来定义分析师关注度为跟踪该上市公司的分析师人数（Yu，2008；杜兴强和谭雪，2017）。定义，当分析师关注度高于行业一年度均值时，为分析师关注度较高组；当分析师关注度低于行业年度均值时，为分析师关注度较低组，进行分组回归。表5－9报告的回归结果表明，在分析师关注度较低组，控股多家上市公司（Group）系数为－0.031，在1%水平上显著；在分析师关注度较高组，控股多家上市公司（Group）系数为－0.015，并且不显著。说明当上市公司分析师关注度较高时，控股多家上市公司对股利分配行为的负面影响受到抑制。

**表 5 – 9　控股多家上市公司与股利——分析师关注度影响**

| | 分析师关注度较低<br>（1） | 分析师关注度较高<br>（2） |
|---|---|---|
| Group | − 0. 031*** | − 0. 015 |
| | （ − 2. 88） | （ − 1. 19） |
| Roa | − 1. 004*** | − 0. 829*** |
| | （ − 8. 99） | （ − 5. 44） |
| Size | 0. 021*** | 0. 009 |
| | （3. 95） | （1. 42） |
| Cash | 0. 182*** | 0. 161*** |
| | （5. 31） | （4. 25） |
| Lev | − 0. 262*** | − 0. 312*** |
| | （ − 11. 80） | （ − 7. 60） |
| Ind | − 0. 156* | 0. 074 |
| | （ − 1. 81） | （0. 72） |
| Board | 0. 008*** | 0. 007** |
| | （2. 66） | （2. 52） |
| First | 0. 002*** | 0. 002*** |
| | （5. 63） | （5. 33） |
| Boardstock | 0. 188*** | 0. 002 |
| | （6. 22） | （0. 07） |
| Insititution | 0. 001*** | − 0. 000 |
| | （3. 38） | （ − 0. 81） |
| Salary | 0. 044*** | 0. 048*** |
| | （5. 60） | （5. 17） |
| Refinance | 0. 000 | − 0. 014 |
| | （0. 03） | （ − 1. 63） |
| Constant | − 0. 718*** | − 0. 616*** |
| | （ − 5. 34） | （ − 4. 10） |
| INDUSTRY | YES | YES |
| YEAR | YES | YES |
| N | 8798 | 4899 |
| Adj_ $R^2$ | 0. 113 | 0. 0906 |

注：*、**、***分别表示在 10%、5%、1% 水平上显著。

进一步，为使研究结论更加稳健，本书重新定义了分析师关注度，使用上市公司被出具研报数量作为分析师关注度的替代变量，重新分组并进行回归分析。表 5 – 10 报告的回归结果表明，在分析师关注度较低组，控股多家上市公司（Group）系数为 – 0.033，在 1% 水平上显著；在分析师关注度较高组，控股多家上市公司（Group）系数为 – 0.009，并且不显著。说明分析师关注度对控股多家上市公司与股利分配行为关系的影响是稳健的。

表 5 – 10　控股多家上市公司与股利——变更分析师关注度定义

| | 分析师关注度较低<br>（1） | 分析师关注度较高<br>（2） |
| --- | --- | --- |
| Group | – 0.033 ***<br>（ – 3.19） | – 0.009<br>（ – 0.67） |
| Roa | – 0.990 ***<br>（ – 8.97） | – 0.807 ***<br>（ – 5.29） |
| Size | 0.022 ***<br>（4.22） | 0.008<br>（1.20） |
| Cash | 0.190 ***<br>（5.59） | 0.149 ***<br>（4.07） |
| Lev | – 0.262 ***<br>（ – 11.82） | – 0.317 ***<br>（ – 7.67） |
| Ind | – 0.175 **<br>（ – 2.12） | 0.102<br>（0.97） |
| Board | 0.008 ***<br>（2.79） | 0.006 **<br>（2.18） |
| First | 0.002 ***<br>（5.45） | 0.002 ***<br>（5.79） |
| Boardstock | 0.184 ***<br>（6.14） | 0.008<br>（0.26） |
| Insititution | 0.001 ***<br>（3.28） | – 0.000<br>（ – 0.47） |
| Salary | 0.044 ***<br>（5.67） | 0.049 ***<br>（5.49） |

| | 分析师关注度较低<br>(1) | 分析师关注度较高<br>(2) |
|---|---|---|
| Refinance | 0.003 | -0.020** |
| | (0.40) | (-2.37) |
| Constant | -0.736*** | -0.600*** |
| | (-5.64) | (-3.97) |
| INDUSTRY | YES | YES |
| YEAR | YES | YES |
| N | 9048 | 4649 |
| Adj_ $R^2$ | 0.115 | 0.0906 |

注：*、**、***分别表示在10%、5%、1%水平上显著。

## 5.6　稳健性检验

### 5.6.1　变更股利分配定义

前文定义股利分配＝每股股利÷每股收益，实证检验实际控制人同时控股多家上市公司对上市公司股利分配行为的影响。为使研究结论更加稳健，本书变更股利分配定义。定义：当上市公司在该年度存在股利分配行为时，股利分配取值为1；当上市公司在该年度不存在股利分配行为时，股利分配取值为0。将其作为被解释变量，使用 Logistic 模型重新进行回归分析。回归结果如表5-11所示。分析可得，回归（1）中，控股多家上市公司（Group）系数为-0.147，在10%水平上显著，说明当上市公司所属实际控制人同时控股多家上市公司时，上市公司发放股利的概率越低，证明本书研究结论是稳健的。

表 5 – 11　变更股利定义

| | （1） |
|---|---|
| Group | – 0. 147 * |
| | （ – 1. 75） |
| Roa | 9. 360 *** |
| | （8. 95） |
| Size | 0. 678 *** |
| | （14. 08） |
| Cash | 1. 194 *** |
| | （4. 33） |
| Lev | – 3. 124 *** |
| | （ – 14. 14） |
| Ind | – 1. 528 ** |
| | （ – 2. 30） |
| Board | 0. 051 ** |
| | （2. 22） |
| First | 0. 010 *** |
| | （4. 11） |
| Boardstock | 2. 811 *** |
| | （10. 72） |
| Insititution | 0. 013 *** |
| | （8. 00） |
| Salary | 0. 484 *** |
| | （8. 13） |
| Refinance | 0. 314 *** |
| | （5. 10） |
| Constant | – 20. 837 *** |
| | （ – 19. 67） |
| INDUSTRY | YES |
| YEAR | YES |
| N | 13697 |

注： * 、 ** 、 *** 分别表示在10% 、5% 、1% 水平上显著。

### 5.6.2　变更控股多家上市公司变量定义

前文定义，当实际控制人同时控股多家上市公司时，Group 取值为 1，否则 Group 取值为 0，以此作为解释变量，实证检验实际控制人同时控股多家上市公司对上市公司股利分配行为的影响。为使回归结果更加稳健，本书定义当实际控制人同时控股两家及以上上市公司时，Group 取值为实际控制人同时控股上市公司数量，否则 Group 取值为 1，并重新进行回归分析。表 5 - 12 报告的回归结果表明，回归（1）中，控股多家上市公司（Group）系数为 - 0.006，在 1% 水平上显著。说明在变更控股多家上市公司变量定义后，控股多家上市公司与上市公司股利分配行为显著负相关，证实本书的研究结论是稳健的。

表 5 - 12　变更控股多家上市公司定义

|  | （1） |
| --- | --- |
| Group | - 0.006 *** |
|  | （- 4.66） |
| Roa | - 0.955 *** |
|  | （- 10.40） |
| Size | 0.016 *** |
|  | （3.97） |
| Cash | 0.179 *** |
|  | （6.66） |
| Lev | - 0.280 *** |
|  | （- 14.27） |
| Ind | - 0.076 |
|  | （- 1.12） |
| Board | 0.009 *** |
|  | （3.74） |
| First | 0.002 *** |
|  | （7.44） |

续表

|  | （1） |
|---|---|
| Boardstock | 0. 120 *** |
|  | （5. 33） |
| Insititution | 0. 000 ** |
|  | （2. 51） |
| Salary | 0. 047 *** |
|  | （7. 30） |
| Refinance | − 0. 006 |
|  | （ − 0. 94） |
| Constant | − 0. 699 *** |
|  | （ − 7. 02） |
| INDUSTRY | YES |
| YEAR | YES |
| N | 13697 |
| Adj_ R² | 0. 107 |

注: * 、 ** 、 *** 分别表示在 10% 、5% 、1% 水平上显著。

### 5. 6. 3　变更研究样本

前文使用 2007 ~ 2015 年 A 股上市公司样本进行实证研究。为使研究结论更加稳健,针对上市公司所属实际控制人同时控股两家及以上上市公司的样本,定义 Group 取值为实际控制人同时控股上市公司数量,重新进行实证研究,表 5 – 13 报告的回归结果表明,回归 (1) 中,控股多家上市公司 (Group) 系数为 − 0. 005,在 1% 水平上显著。这一结果说明,在变更研究样本后,控股多家上市公司与上市公司股利分配行为显著负相关,证实本书的研究结论是稳健的。

表5－13　变更研究样本

| | （1） |
|---|---|
| Group | －0.005 *** |
| | （－2.98） |
| Roa | －1.286 *** |
| | （－6.78） |
| Size | 0.018 ** |
| | （2.41） |
| Cash | 0.118 * |
| | （1.86） |
| Lev | －0.374 *** |
| | （－8.25） |
| Ind | －0.096 |
| | （－0.66） |
| Board | 0.007 * |
| | （1.83） |
| First | 0.002 *** |
| | （3.23） |
| Boardstock | 0.182 |
| | （1.31） |
| Insititution | 0.001 *** |
| | （3.22） |
| Salary | 0.063 *** |
| | （4.83） |
| Refinance | －0.018 |
| | （－1.53） |
| Constant | －0.918 *** |
| | （－4.42） |
| INDUSTRY | YES |
| YEAR | YES |
| N | 3307 |
| Adj_ $R^2$ | 0.110 |

注：* 、** 、*** 分别表示在10%、5%、1%水平上显著。

### 5.6.4 排除掏空因素影响

本书认为，当实际控制人同时控股多家上市公司时，对下属上市公司的监督力度下降，代理成本提高，进而导致上市公司股利分配水平下降。但同样存在另一种可能。当实际控制人同时控股多家上市公司时，一般会产生金字塔结构以及所有权和现金流权的分离，从而诱发控股股东的掏空行为（La Porta et al.，1999、2002）。此时，两权分离现象可能导致控股股东发放股利的意愿降低，股利分配行为减少（王化成等，2007）。为排除掏空因素的影响，本书参照现有研究，使用两权分离度度量实际控制人的掏空动机，两权分离度等于所有权除以控制权（Claessens et al.，2000；王化成等，2007；王立章等，2016），将其加入到模型（2）中，以进一步控制掏空因素影响。表5－14报告了进一步控制掏空因素影响后的回归结果。回归（1）中，控股多家上市公司（Group）的系数为－0.029，且保持在1%水平上显著。说明，在控制掏空因素影响后，控股多家上市公司与股利分配显著负相关，这一结果排除了控股多家上市公司与股利分配之间的负相关关系，是由于实际控制人的掏空行为导致的，支持了假设1。

表5－14　排除掏空因素影响

|  | （1） |
| --- | --- |
| Group | －0.029 *** |
|  | （－3.20） |
| Seperation | －0.024 |
|  | （－1.21） |
| Roa | －0.899 *** |
|  | （－9.28） |
| Size | 0.018 *** |
|  | （4.26） |

续表

| | （1） |
|---|---|
| Cash | 0. 179 *** |
| | （6. 32） |
| Lev | − 0. 278 *** |
| | （ − 13. 64） |
| Ind | − 0. 024 |
| | （ − 0. 33） |
| Board | 0. 010 *** |
| | （4. 10） |
| First | 0. 002 *** |
| | （7. 03） |
| Boardstock | 0. 118 *** |
| | （4. 72） |
| Insititution | 0. 000 * |
| | （1. 76） |
| Salary | 0. 048 *** |
| | （7. 09） |
| Refinance | − 0. 009 |
| | （ − 1. 36） |
| Constant | − 0. 775 *** |
| | （ − 7. 25） |
| INDUSTRY | YES |
| YEAR | YES |
| N | 12995 |
| Adj_ $R^2$ | 0. 110 |

注：＊、＊＊、＊＊＊分别表示在10%、5%、1%水平上显著。

### 5. 6. 5 剔除无实际控制人样本

前文使用2007～2015年A股上市公司样本，定义当实际控制人同时控股多家上市公司时，Group取值为1，否则Group取值为0，并进行实证研究。据本书统计，我国上市公司股权集中度相对较高，多数上市公司均存在特定实际控制人，但同样存在少量上市公司，股权结构相对分散，不存在特定实际控制人。为排除这一部分样本对本书结论的干扰，在 Group 取值为 0 的样本中，剔除了无实际控制人样本，重新进行回归分析。表 5 – 15 报告的回归结果表明，回归（1）中，控股多家上市公司（Group）系数为 – 0.024，在 1% 水平上显著。这一结果说明，在剔除无实际控制人企业样本干扰后，控股多家上市公司与上市公司股利分配行为显著负相关，证实本书的研究结论是稳健的。

表 5 – 15　剔除无实际控制人样本

| | （1） |
| --- | --- |
| Group | – 0.024 *** |
| | （– 2.75） |
| Roa | – 0.934 *** |
| | （– 10.14） |
| Size | 0.017 *** |
| | （4.20） |
| Cash | 0.177 *** |
| | （6.55） |
| Lev | – 0.282 *** |
| | （– 14.09） |
| Ind | – 0.056 |
| | （– 0.81） |
| Board | 0.009 *** |
| | （3.83） |
| First | 0.002 *** |
| | （7.34） |
| Boardstock | 0.118 *** |
| | （5.14） |

续表

|  | （1） |
|---|---|
| Institution | 0. 000 ** |
|  | （2. 34） |
| Salary | 0. 045 *** |
|  | （6. 99） |
| Refinance | − 0. 006 |
|  | （− 0. 91） |
| Constant | − 0. 705 *** |
|  | （− 7. 00） |
| INDUSTRY | YES |
| YEAR | YES |
| N | 13411 |
| Adj_ R² | 0. 106 |

注：* 、** 、*** 分别表示在 10% 、5% 、1% 水平上显著。

### 5. 6. 6 内生性问题

为了缓解内生性问题对研究结论带来的影响，本书使用 Heckman 两阶段回归方法，以控制可能存在的样本自选择问题。首先建立了影响实际控制人控股多家上市公司的模型。在模型（5 - 5）中，Group 与前文定义一致，Size、Roa、Lev 在前文已有定义，Pattern 表示企业产权性质，当企业为国有企业时，取值为 1，否则取值为 0。之后对模型（5 - 5）进行 Probit 回归，并计算 IMR（Inverse Mills Ratio），将其命名为 Groupimr。随后，将 Groupimr 代入模型（5 - 2）中重新进行回归分析。回归结果即是控制了自选择偏差之后的结果。表 5 - 16 Heckman 第一阶段显示，大规模企业、高负债企业和国有企业，其实际控制人更可能控股多家上市公司。表 5 - 16 Heckman 第二阶段显示，在控制了样本自选择偏差后，控股多家上市公司（Group）系数为 − 0. 018，在 10% 水平上显著为负，证明在控制了内生性问题之后，本书的研究结论是稳健的。

$$\text{Group}_{i,t} = \beta_0 + \beta_1 \text{Size}_{i,t} + \beta_2 \text{Roa}_{i,t} + \beta_3 \text{Lev}_{i,t} + \beta_4 \text{Pattern}_{i,t} + \text{INDUSTRY} +$$

$$\text{YEAR} + \varepsilon_{i,t} \qquad (5-5)$$

表 5-16 Heckman 两阶段法

| Panel A: 第一阶段 | (1) |
|---|---|
| Size | 0.134*** |
| | (4.38) |
| Roa | -0.080 |
| | (-0.13) |
| Lev | 0.342** |
| | (2.42) |
| Pattern | 1.127*** |
| | (16.12) |
| Constant | -4.556*** |
| | (-6.75) |
| INDUSTRY | YES |
| YEAR | YES |
| N | 13697 |
| Pseudo $R^2$ | 0.175 |
| Panel B: 第二阶段 | (1) |
| Group | -0.018* |
| | (-1.91) |
| Roa | -0.970*** |
| | (-10.57) |
| Size | 0.021*** |
| | (4.99) |
| Cash | 0.177*** |
| | (6.61) |
| Lev | -0.271*** |
| | (-13.64) |

续表

| Panel B：第二阶段 | （1） |
|---|---|
| Ind | − 0. 069 |
| | （ − 1. 01） |
| Board | 0. 009 *** |
| | （3. 92） |
| First | 0. 002 *** |
| | （7. 62） |
| Boardstock | 0. 099 *** |
| | （4. 14） |
| Institution | 0. 000 *** |
| | （2. 67） |
| Salary | 0. 046 *** |
| | （7. 25） |
| Refinance | − 0. 007 |
| | （ − 1. 15） |
| Groupimr | 0. 031 *** |
| | （2. 82） |
| Constant | − 0. 862 *** |
| | （ − 7. 85） |
| INDUSTRY | YES |
| YEAR | YES |
| N | 13697 |
| Adj_ $R^2$ | 0. 108 |

注：* 、* * 、* * *分别表示在10% 、5% 、1%水平上显著。

# 本章小结

本书基于委托代理理论，从实际控制人监督职能角度，研究实际控制人同时控股多家上市公司，对上市公司股利分配行为的影响，并证实了管理者超额在职消费行为是控股多家上市公司影响股利分配行为的传导机制。本书进一步研究证实，上市公司产权性质和外部治理环境，能够对控股多家上市公司与股利分配行为的关系产生显著影响。本书参考现有文献，定义当存在同一实际控制人在某一年度同时控制两家及以上上市公司时，上市公司属于实际控制人同时控制多家上市公司（He et al.，2013；Buchuk et al.，2014；蔡卫星等，2015；纳鹏杰等，2017），并得出以下结论：当上市公司所属实际控制人同时控股多家上市公司时，其股利分配水平显著低于其他上市公司，同时控股多家上市公司对股利分配的负面影响，是通过影响管理者超额在职消费实现的。进一步研究发现，控股多家上市公司对股利分配的负面影响，主要发生在国有企业、媒体监督水平较差企业和分析师关注度较低企业。

本书的研究不仅丰富了实际控制人监督和股利分配的相关文献，同时具有较为重要的实践意义。对于实际控制人而言，意识到同时控股多家上市公司对股利分配的影响，有助于实际控制人采取针对性措施，保护股东的利益。实际控制人应当结合自身特征和外部公司治理机制，通过抑制控股上市公司的超额在职消费行为，进而提高上市公司的股利分配水平。但本书同样存在一定的不足：受到数据来源影响，样本只包含实际控制人控股的上市公司。因此，如何更加全面地分析同一实际控制人同时控股多家公司对超额在职消费行为的影响，在未来值得进一步研究。

# 6

---

# 研究结论与对策建议

## 6.1  研究结论

　　管理者从企业获得的收益，既包括年薪、奖金等货币性薪酬，也包括在职消费等非货币性薪酬。其中，在职消费包括独立豪华的办公条件、舒适的出行条件以及免费的餐饮、娱乐活动等（张铁铸和沙曼，2014）。而在中国上市公司中，管理者在职消费现象十分普遍（薛健等，2017）。正当的在职消费是经理人薪酬契约不完备的产物，本身具有一定的合理性，能够起到满足企业正常经营需要和在一定情况下对经理人的激励作用。但是，在企业存在所有权和经营权两权分离的情况下，企业存在明显的委托代理问题。委托人希望代理人按照实现委托人利益最大化的原则经营企业，但是由于委托代理问题的存在，管理者在经营企业过程中，时常会进行一些与股东利益不一致的行为（Jensen and Meckling，1976）。因此，本书主要针对上市公司超额在职消费问题进行研究。

　　在我国，推动国有企业集团化建设，成立大批跨地区、跨行业乃至跨国家的企业集团，是国企改革的重要组成部分（李有荣，1994）。这些国有大型企业集团为了更好地利用自身规模优势，持续推动下属子公司上市，形成了一家国有大型集团同时控制多家上市公司的特殊情况。例如，截至2015年底，中国化工集团同时控制着沙隆达（000553）、沈阳化工（000698）等多家上市公司。同时，随着我国民营企业规模不断壮大，涌现出如"复星系""海航系"等同时控制着多家上市公司的民营企业集团。现有文献证实，同时控股多家上市公司，能够有效缓解企业融资约束、降低企业经营风险（He et al.，2013）。但是，随着控股上市公司数量增加，对上市公司的管理也更加复杂。在这种背景下，实际控制人同时控制多家上市公司，可能导致上市公司管理层的自利行为出现变化。但是，尚未有文献针对这一背景下的管理层自利行为进行深入研究。因此，本书试图从实际控制人同时控制多家上市公司作为主要研究视角，研究这种背景下管理者的超额在职消费行为存在哪些特征。

最终，本书得到以下研究结论：

（1）当上市公司所属实际控制人同时控股两家及以上上市公司时，其管理者超额在职消费规模显著高于其他上市公司。进一步研究发现，控股多家上市公司对超额在职消费的影响，主要发生在国有上市公司，并且在党的十八大召开后，控股多家上市公司对国有企业管理者超额在职消费的影响受到抑制；媒体监督水平较高的公司，控股多家上市公司对超额在职消费的影响显著降低；分析师关注度较高的公司，控股多家上市公司对超额在职消费的影响显著降低。

（2）在实际控制人同时控股多家上市公司情况下，当控股的某一成员企业超额在职消费大幅上升时，下一年度其他成员企业超额在职消费会显著提升，同一实际控制人所属上市公司之间存在超额在职消费传染效应，并且这一效应主要存在于国有企业、成员分布在同一行业和成员分布在同一地域的情况下。进一步研究发现，良好的公司治理机制和较高的货币薪酬，能够抑制超额在职消费的传染效应；媒体监督力度较强、内部控制质量较高的企业，不会受到传染效应的影响；管理者货币薪酬较高的企业，同样不会受到传染效应的影响。

（3）上市公司所属实际控制人控股多家上市公司时，其股利分配水平更低；实际控制人控股多家上市公司对股利分配水平的负面影响，主要通过影响管理者超额在职消费实现。进一步地，我们发现控股多家上市公司对股利分配的负面影响，主要发生在国有企业、媒体监督水平较差企业和分析师关注度较低企业。

## 6.2 对策建议

为更好地管理和治理企业管理者的在职消费行为，我们首先应当对在职消费的存在机理，有更加深入的了解和更加清醒的认识。管理者从企业获得的收益，既包括年薪、奖金等货币性薪酬，也包括在职消费等非货币性薪酬。其中，在职消费包括独立豪华的办公条件、舒适的出行条件以及免费的餐饮、娱乐活动等（张铁铸和沙曼，2014）。而在中国上市公司中，管理者在职消费现象十分普遍（薛健等，2017）。正当的在职消费，是经理人薪酬契约不完备的产物，本身具有一定的合理性，能够起到满足企业正常经营需要和在一定情况下对经理人的激励作用。但是，在企业存在所有权和经营权两权分离的情况下，企业存在明显的委托代理问题。委托人希望代理人按照实现委托人利益最大化的原则经营企业，但是由于委托代理问题的存在，管理者在经营企业过程中，时常会进行一些与股东利益不一致的行为（Jensen and Meckling，1976）。从中国铁建在2012年年报中披露的8.37亿元业务招待费中可以看出，我国上市公司在职消费行为存在偏离股东利益最大化现象，可以给企业带来重大损失。近年来，学术界对在职消费领域具有较多关注，现有研究将在职消费区分为正常水平的在职消费和超额在职消费（Luo et al.，2011）：超额在职消费是指，由于委托代理问题的存在，管理者的在职消费水平超出企业正常水准，不再是为企业经营服务，而是仅仅为了满足自身私利的最大化（耿云江和王明晓，2016）。从这一角度出发，本书认为，对于管理者的在职消费行为企业应当有更准确的认识。一方面，对于那些合理的和正常水平的在职消费，企业不应当采取打压的态度，而是应当尽可能地予以保留，并且尽可能地简化审批流程，提高管理效率，避免过于烦琐的财务审批流程伤害管理人员的工作积极性；另一方面，对于不合理的和超出正常水平的在职消费，由于此时在职消费已经异化为管理者满足自身利益的工具，企业应当予以坚决的管控和打压。

同时，基于本书的主要研究结论，提出如下对策建议，以抑制企业超额在职消费，维护股东利益。

针对第 3 章的主要研究结论，认为企业监管者应当充分认识到，管理者之间存在超额在职消费水平的传染效应，某一企业管理者超额在职消费的大幅提升，其负面影响可能不仅存在于自身企业内部，也有可能在关联企业间扩散。特别是在国有企业、控股企业分布在同一行业和同一地域的情况下，这一传染效应存在更大的负面影响。因此，实际控制人为了抑制传染效应的扩散，应当基于控股企业特征，做出针对性的应对。

基于第 3 章的研究结论，本书进一步认为，一方面，集团内部公司治理水平较差和管理者薪酬较低的企业，更容易受到传染效应的影响，实际控制人应当对这类企业的在职消费行为进行重点治理；另一方面，提升公司治理水平和管理者薪酬是抑制在职消费传染效应的重要渠道，实际控制人应当结合多种方式，抑制管理者在职消费传染现象。

针对第 4 章的主要研究结论，认为实际控制人应当认识到，控股多家上市公司虽然能够起到降低企业经营风险、缓解企业融资约束的积极作用，但也产生了实际控制人监督力度下降，成员企业管理者之间互相攀比的负面作用。特别是在企业属于国有企业，且外部公司治理机制水平较低的情况下，实际控制人监督作用下降产生了更为明显的负面作用。因此，特别是在国有企业实际控制人在同时控股多家上市公司的情况下，应当结合外部治理机制，有效抑制管理者的超额在职消费行为。

针对第 5 章的主要研究结论，认为实际控制人应当认识到，在实际控制人控股多家上市公司，监督力度下降的情况下，管理者为了能够侵占股东利益，倾向于降低股利支付水平，从而将更多资源留在企业内部。特别是在企业属于国有企业，且外部公司治理机制水平较低的情况下，实际控制人监督作用下降产生了更明显的负面作用。因此，特别是在国有企业实际控制人同时控股多家上市公司的情况下，应当结合外部治理机制，有效抑制管理者的超额在职消费行为，进而抑制管理者降低股利分配水平的负面影响。

## 6.3　研究局限和未来研究展望

本书基于企业间的紧密联系，证实了同一实际控制人企业间的相互影响，以及实际控制人控股上市公司数量对企业代理问题的影响。但是，企业实际控制人在控股上市公司外，同样可能控制了一定数量的非上市企业，这些非上市企业管理者的行为和企业数量，同样可能对上市企业带来影响。但是，受到数据来源限制，本书并未将非上市企业纳入分析框架。因此，如何进一步分析同一实际控制人下上市企业与非上市企业间的相互影响关系，是本书的主要研究方向。

同时，由于企业在职消费本身并未对外公开，同时在管理者进行在职消费行为过程中，正当在职消费行为和不正当在职消费行为同时存在，难以进行有效的区分。因此，本书参考现有研究，基于企业管理费用等相关会计科目，估算企业在职消费总额，并通过计算企业正常消费规模与在职消费总额之间的差值，估算企业超额在职消费。但是，这一计算方法可能存在一定偏误。因此，如何更加准确地度量企业不正当在职消费，是未来的研究方向。

# 参考文献

［1］蔡卫星，曾诚，胡志颖．企业集团、货币政策与现金持有［J］．金融研究，2015（2）：114－130．

［2］陈冬华，陈信元，万华林．国有企业中的薪酬管制与在职消费［J］．经济研究，2005（2）：92－101．

［3］陈洪涛，黄国良．中国上市公司股利支付水平实证研究［J］．中国矿业大学学报，2006，35（1）．

［4］陈克兢．媒体监督、法治水平与上市公司盈余管理［J］．管理评论，2017，29（7）：3－18．

［5］陈钦源，马黎珺，伊志宏．分析师跟踪与企业创新绩效——中国的逻辑［J］．南开管理评论，2017，20（3）：15－27．

［6］陈仕华，姜广省，李维安，等．国有企业纪委的治理参与能否抑制高管私有收益？［J］．经济研究，2014（10）：139－151．

［7］储一昀，仓勇涛．财务分析师预测的价格可信吗？——来自中国证券市场的经验证据［J］．管理世界，2008（3）：58－69．

［8］褚剑，方军雄．政府审计能够抑制国有企业高管超额在职消费吗？［J］．会计研究，2016（9）：82－89．

［9］戴亦一，潘越，陈芬．媒体监督、政府质量与审计师变更［J］．会计研究，2013（10）：89－95．

［10］戴亦一，潘越，刘思超．媒体监督、政府干预与公司治理：来自中国上市公司财务重述视角的证据［J］．世界经济，2011（11）：121 – 144.

［11］窦欢，张会丽，陆正飞．企业集团、大股东监督与过度投资［J］．管理世界，2014（7）：134 – 143.

［12］杜兴强，谭雪．国际化董事会、分析师关注与现金股利分配［J］．金融研究，2017（8）：192 – 206.

［13］方红星，金玉娜．公司治理、内部控制与非效率投资：理论分析与经验证据［J］．会计研究，2013（7）：63 – 69，97.

［14］冯根福，赵珏航．管理者薪酬、在职消费与公司绩效——基于合作博弈的分析视角［J］．中国工业经济，2012（6）：147 – 158.

［15］冯慧群，马连福．董事会特征、CEO 权力与现金股利政策——基于中国上市公司的实证研究［J］．管理评论，2013，25（11）：123 – 132.

［16］耿云江，王明晓．超额在职消费、货币薪酬业绩敏感性与媒体监督——基于中国上市公司的经验证据［J］．会计研究，2016（9）：55 – 61.

［17］韩岚岚，马元驹．内部控制对费用粘性影响机理研究——基于管理者自利行为的中介效应［J］．经济与管理研究，2017，38（1）：131 – 144.

［18］贺伟，龙立荣．实际收入水平、收入内部比较与员工薪酬满意度的关系——传统性和部门规模的调节作用［J］．管理世界，2011（4）：98 – 110.

［19］黄俊，陈信元，张天舒．公司经营绩效传染效应的研究［J］．管理世界，2013（3）：111 – 118.

［20］雷光勇，王文忠，刘茉．政治不确定性、股利政策调整与市场效应［J］．会计研究，2015（4）：33 – 39.

［21］李秉祥，张明，武晓春．经理管理防御对现金股利支付影响的实证研究［J］．中南财经政法大学学报，2007（6）：134 – 140.

［22］李春涛，赵一，徐欣，李青原．按下葫芦浮起瓢：分析师跟踪与盈余

管理途径选择［J］. 金融研究, 2016（4）: 144 – 157.

［23］李琳, 张敦力. 分析师跟踪、股权结构与内部人交易收益［J］. 会计研究, 2017（1）: 53 – 60.

［24］李茂良. 股票市场流动性影响上市公司现金股利政策吗——来自中国A股市场的经验证据［J］. 南开管理评论, 2017, 20（4）: 105 – 113.

［25］李培功, 沈艺峰. 媒体的企业治理作用: 中国的经验证据［J］. 经济研究, 2010（4）: 14 – 27.

［26］李万福, 林斌, 宋璐. 内部控制在公司投资中的角色: 效率促进还是抑制?［J］. 管理世界, 2011（2）: 81 – 99.

［27］李焰, 王琳. 媒体监督、声誉共同体与投资者保护［J］. 管理世界, 2013（11）: 130 – 143.

［28］李祎, 刘启亮, 李洪. IFRS、财务分析师、机构投资者和权益资本成本——基于信息治理观视角［J］. 会计研究, 2016（10）: 26 – 33.

［29］李有荣. 中国现代企业集团［M］. 北京: 中国商业出版社, 1994.

［30］廖珂, 崔宸瑜, 谢德仁. 控股股东股权质押与上市公司股利政策选择［J］. 金融研究, 2018（4）: 176 – 193.

［31］廖理, 曾亚敏, 张俊生. 外资并购的信号传递效应分析——加剧竞争压力抑或提高并购概率［J］. 金融研究, 2009（2）: 29 – 39.

［32］廖歆欣, 刘运国. 企业避税、信息不对称与管理层在职消费［J］. 南开管理评论, 2016, 19（2）: 87 – 99.

［33］林乐, 谢德仁, 陈运森. 实际控制人监督、行业竞争与经理人激励——来自私人控股上市公司的经验证据［J］. 会计研究, 2013（9）: 36 – 43.

［34］刘海明, 王哲伟, 曹廷求. 担保网络传染效应的实证研究［J］. 管理世界, 2016（4）: 81 – 96.

［35］刘磊, 刘益, 黄燕. 国有股比例、经营者选择及冗员间关系的经验证

据与国有企业的治理失效 [J]. 管理世界, 2004 (6): 97 – 105, 112.

[36] 刘芍佳, 李骥. 超产权论与企业绩效 [J]. 经济研究, 1998 (8): 3 – 12.

[37] 刘星, 李豫湘. 灰色关联度评价法在股利政策相关因素分析中的应用 [J]. 系统工程理论与实践, 1998, 18 (9): 78 – 81.

[38] 罗宏, 曾永良, 宛玲羽. 薪酬攀比、盈余管理与高管薪酬操纵 [J]. 南开管理评论, 2016 (2): 19 – 31.

[39] 罗宏, 黄文华. 国企分红、在职消费与公司业绩 [J]. 管理世界, 2008 (9): 139 – 148.

[40] 吕长江, 张海平. 上市公司股权激励计划对股利分配政策的影响 [J]. 管理世界, 2012 (11): 133 – 143.

[41] 马云飙, 石贝贝, 蔡欣妮. 实际控制人性别的公司治理效应研究 [J]. 管理世界, 2018, 34 (7): 136 – 150.

[42] 马壮, 李延喜, 王云, 曾伟强. 媒体监督、异常审计费用与企业盈余管理 [J]. 管理评论, 2018, 30 (4): 219 – 234.

[43] 牟韶红, 李启航, 陈汉文. 内部控制、产权性质与超额在职消费——基于 2007—2014 年非金融上市公司的经验研究 [J]. 审计研究, 2016 (4): 90 – 98.

[44] 纳鹏杰, 雨田木子, 纳超洪. 企业集团风险传染效应研究——来自集团控股上市公司的经验证据 [J]. 会计研究, 2017 (3): 53 – 60.

[45] 彭旋, 王雄元. 客户股价崩盘风险对供应商具有传染效应吗? [J]. 财经研究, 2018 (2): 141 – 153.

[46] 权小锋, 吴世农, 文芳. 管理层权力、私有收益与薪酬操纵——来自中国国有上市企业的实证证据 [J]. 经济研究, 2010.

[47] 邵军, 刘志远. 企业集团内部资本市场与融资约束 [J]. 经济与管理

研究，2006（9）：60-65.

[48] 邵帅，吕长江．实际控制人直接持股可以提升公司价值吗？——来自中国民营上市公司的证据［J］．管理世界，2015（5）：134-146，188.

[49] 孙光国，孙瑞琦．控股股东委派执行董事能否提升公司治理水平［J］．南开管理评论，2018（1）：88-98.

[50] 王曾，符国群，黄丹阳，汪剑锋．国有企业 CEO "政治晋升" 与 "在职消费" 关系研究［J］．管理世界，2014（5）：157-171.

[51] 王化成，李春玲，卢闯．控股股东对上市公司现金股利政策影响的实证研究［J］．管理世界，2007（1）：122-127.

[52] 王茂林，何玉润，林慧婷．管理层权力、现金股利与企业投资效率［J］．南开管理评论，2014，17（2）：13-22.

[53] 王雄元，高曦．客户盈余公告对供应商具有传染效应吗？［J］．中南财经政法大学学报，2017（3）：3-13.

[54] 魏明海，柳建华．国企分红、治理因素与过度投资［J］．管理世界，2007（4）：88-95.

[55] 魏志华，李茂良，李常青．半强制分红政策与中国上市公司分红行为［J］．经济研究，2014（6）：100-114.

[56] 吴武清，万嘉澄．分析师跟踪和盈余管理：基于跟踪强度新指标的研究［J］．数理统计与管理，2018（1）：83-95.

[57] 肖华，张国清．内部控制质量、盈余持续性与公司价值［J］．会计研究，2013（5）：73-80.

[58] 许年行，江轩宇，伊志宏等．分析师利益冲突、乐观偏差与股价崩盘风险［J］．经济研究，2012（7）：127-140.

[59] 薛健，汝毅，窦超．"惩一" 能否 "儆百"？——曝光机制对高管超额在职消费的威慑效应探究［J］．会计研究，2017（5）：68-74.

［60］杨德明，赵璨．媒体监督、媒体治理与高管薪酬［J］．经济研究，2012，47（6）：116 - 126.

［61］杨棉之，孙健，卢闯．企业集团内部资本市场的存在性与效率性［J］．会计研究，2010（4）：50 - 56.

［62］叶继英，张敦力．控股股东、高管股权激励与现金股利政策［J］．财经问题研究，2014（2）：60 - 66.

［63］叶康涛，曹丰，王化成．内部控制信息披露能够降低股价崩盘风险吗？［J］．金融研究，2015（2）：192 - 206.

［64］伊志宏，李颖，江轩宇．女性分析师关注与股价同步性［J］．金融研究，2015（11）：175 - 189.

［65］原红旗．中国上市公司股利政策分析［J］．财经研究，2001，27（3）：33 - 41.

［66］俞庆进，张兵．投资者有限关注与股票收益——以百度指数作为关注度的一项实证研究［J］．金融研究，2012（8）：152 - 165.

［67］翟胜宝，张雯，曹源，朴仁玉．分析师跟踪与审计意见购买［J］．会计研究，2016（6）：86 - 93.

［68］张超，刘星．内部控制缺陷信息披露与企业投资效率——基于中国上市公司的经验研究［J］．南开管理评论，2015，18（5）：136 - 150.

［69］张纯，吕伟．信息环境、融资约束与现金股利［J］．金融研究，2009（7）：81 - 94.

［70］张会丽，吴有红．内部控制、现金持有及经济后果［J］．会计研究，2014（3）：71 - 78，96.

［71］张乐才．企业资金担保链：风险消释、风险传染与风险共享——基于浙江的案例研究［J］．经济理论与经济管理，2011（10）：57 - 65.

［72］张楠，卢洪友．薪酬管制会减少国有企业高管收入吗——来自政府

"限薪令"的准自然实验 [J]. 经济学动态, 2017 (3): 24 - 39.

[73] 张蕊, 管考磊. 高管薪酬差距会诱发侵占型职务犯罪吗? ——来自中国上市公司的经验证据 [J]. 会计研究, 2016 (9): 47 - 54.

[74] 张铁铸, 沙曼. 管理层能力、权力与在职消费研究 [J]. 南开管理评论, 2014, 17 (5): 63 - 72.

[75] 张玮婷, 王志强. 地域因素如何影响公司股利政策: "替代模型" 还是 "结果模型"? [J]. 经济研究, 2015 (5): 76 - 88.

[76] 支晓强, 胡聪慧, 童盼等. 股权分置改革与上市公司股利政策——基于迎合理论的证据 [J]. 管理世界, 2014 (3): 139 - 147.

[77] 周开国, 应千伟, 钟畅. 媒体监督能够起到外部治理的作用吗? ——来自中国上市公司违规的证据 [J]. 金融研究, 2016 (6): 193 - 206.

[78] 周业安, 韩梅. 上市公司内部资本市场研究——以华联超市借壳上市为例分析 [J]. 管理世界, 2003 (11): 118 - 125.

[79] 朱红军, 何贤杰, 陶林. 中国的证券分析师能够提高资本市场的效率吗——基于股价同步性和股价信息含量的经验证据 [J]. 金融研究, 2007 (2): 110 - 121.

[80] Adithipyangkul P., Alon I., Zhang T. Executive Perks: Compensation and Corporate Performance In China [J]. Asia Pacific Journal of Management, 2011, 28 (2): 401 - 425.

[81] Aharony J., Swary I. Quarterly Dividend and Earnings Announcements and Stockholders' Returns: An Empirical Analysis [J]. The Journal of Finance, 1980, 35 (1): 1 - 12.

[82] Allen A., Francis B. B., Wu Q., et al. Analyst Coverage and Corporate Tax Aggressiveness [J]. Journal of Banking & Finance, 2016 (73): 84 - 98.

[83] Altamuro J., Beatty A. How Does Internal Control Regulation Affect Finan-

cial Reporting? [J] . Journal of accounting and Economics, 2010, 49 (1 − 2): 58 − 74.

[84] Andrews A. B. , Linn S. C. , Yi H. Corporate Governance and Executive Perquisites: Evidence from The New SEC Disclosure Rules [J] . Social Science Electronic Publishing, 2008.

[85] Ashbaugh − Skaife H. , Collins D. W. , Kinney Jr W. R. , et al. The Effect of SOX Internal Control Deficiencies and Their Remediation on Accrual Quality [J] . The Accounting Review, 2008, 83 (1): 217 − 250.

[86] Ashbaugh − Skaife H. , Collins D. W. , Kinney Jr W. R, et al. The Effect of SOX Internal Control Deficiencies on Firm Risk and Cost of Equity [J] . Journal of Accounting Research, 2009, 47 (1): 1 − 43.

[87] Ashour S. Do Analysts Really Anchor? Evidence from Credit Risk and Suppressed Negative Information [J] . Journal of Banking & Finance, 2019 (98): 183 − 197.

[88] Asquith P. , Mullins D. W. The Impact of Initiating Dividend Payments on Shareholders' Wealth [J] . Journal of Business, 1983, 56 (1): 77 − 96.

[89] Banal − Estanol A. , Ottaviani M. , Winton A. The Flip Side of Financial Synergies: Coinsurance versus Risk Contamination [J] . The Review of Financial Studies, 2013, 26 (12): 3142 − 3181.

[90] Bargeron L. L. , Lehn K. M. , Zutter C. J. Sarbanes − Oxley and Corporate Risk − Taking [J] . Journal of Accounting and Economics, 2010, 49 (1 − 2): 34 − 52.

[91] Bhattacharya S. Imperfect Information, Dividend Policy, and "The Bird in the Hand" Fallacy [J] . The Bell Journal of Economics, 1979, 10 (1): 259 − 270.

[92] Boubaker S. , Cellier A. , Rouatbi W. The Sources of Shareholder Wealth

Gains from Going Private Transactions: The Role of Controlling Shareholders [J] . Journal of Banking & Finance, 2014, 43 (1): 226 - 246.

[93] Boubaker S. , Mansali H. , Rjiba H. Large Controlling Shareholders and Stock Price Synchronicity [J] . Journal of Banking & Finance, 2014, 40 (1): 80 - 96.

[94] Brav A. , Graham J. R. , Harvey C. R. , et al. Payout Policy in the 21st Century [J] . Journal of Financial Economics, 2005, 77 (3): 483 - 527.

[95] Buchuk D. , Larrain B. , Muñoz F. , Francisco U. I. The Internal Capital Markets of Business Groups: Evidence from Intra - Group Loans [J] . Journal of Financial Economics, 2014, 112 (2): 190 - 212.

[96] Bushee B. J. , Core J. E. , Guay W. , et al. The Role of the Business Press as An Information Intermediary [J] . Journal of Accounting Research, 2010, 48 (1): 1 - 19.

[97] Carey P. , Fang V. , Zhang H. F. The Role of Optimistic News Stories in IPO Pricing [J] . Journal of International Financial Markets, Institutions and Money, 2016, 41: 16 - 29.

[98] Chan J. , Lin S. , Yu Y. , et al. Analysts' Stock Ownership and Stock Recommendations [J] . Journal of Accounting and Economics, 2018, 66 (2 - 3): 476 - 498.

[99] Chen T. , Xie L. , Zhang Y. How Does Analysts' Forecast Quality Relate to Corporate Investment Efficiency? [J] . Journal of Corporate Finance, 2017 (43): 217 - 240.

[100] Cheunga Y. L. , Rau P. R. , Stouraitis A. Tunneling, Propping, and Expropriation: Evidence from Connected Party Transactions in Hong Kong [J] . Journal of Financial Economics, 2006, 82 (2): 343 - 386.

［101］Chemmanur T. J. , Yan A. Advertising, Investor Recognition, and Stock Returns ［M］. New York: Social Science Electronic Publishing, 2010.

［102］Chiraz Ben Ali a, Ce' dric Lesage. Audit Pricing and Nature of Controlling Shareholders: Evidence From France ［J］. 中国会计学刊（英文版）, 2013, 6 (1): 21 – 34.

［103］Core J. E. , Guay W. , Larcker D. F. The Power of The Pen and Executive Compensation ［J］. Journal of Financial Economics, 2008, 88 (1): 1 – 25.

［104］Crutchley C. E. , Hansen R. S. A Test of the Agency Theory of Managerial Ownership, Corporate Leverage, and Corporate Dividends ［J］. Journal of the Financial Management Association, 1989, 18 (4): 36 – 46.

［105］Deangelo H. , Deangelo L. The Irrelevance of the MM Dividend Irrelevance Theorem ［J］. Journal of Financial Economics, 2006, 79 (2): 293 – 315.

［106］Dhaliwal D. , Hogan C. , Trezevant R. , et al. Internal Control Disclosures, Monitoring, and the Cost of Debt ［J］. The Accounting Review, 2011, 86 (4): 1131 – 1156.

［107］Ding R. , Hou W. , Liu Y. L. , et al. Media Censorship and Stock Price: Evidence from the Foreign Share Discount in China ［J］. Journal of International Financial Markets, Institutions and Money, 2018 (55): 112 – 133.

［108］Doyle J. T. , Ge W. , McVay S. Accruals Quality and Internal Control over Financial Reporting ［J］. The Accounting Review, 2007, 82 (5): 1141 – 1170.

［109］Du X. Does Religion Mitigate Tunneling? Evidence from Chinese Buddhism ［J］. Journal of Business Ethics, 2014, 125 (2): 299 – 327.

［110］Dušan Isakov, Weisskopf J. P. Are Founding Families Special Blockholders? —An Investigation of Controlling Shareholder Influence on Firm Performance ［J］.

Journal of Banking & Finance, 2012, 41 (1): 1 – 16.

[111] Dyck A. , Volchkova N. , Zingales L. The Corporate Governance Role of the Media: Evidence from Russia [J] . Journal of Finance, 2008, 63 (3): 1093 – 1135.

[112] Fama E. F. , French K. R. Disappearing Dividends: Changing Firm Characteristics or Lower Propensity to Pay? [J] . Journal of Financial Economics, 2001, 60 (1): 3 – 43.

[113] Farrar D. , Selwyn L. Taxes, Corporate Financial Policy and Return to Investors [J] . National Tax Journal, 1967, 20 (4): 444 – 454.

[114] Foster G. Intra – Industry Information Transfers Associated with Earnings Releases [J] . Journal of Accounting and Economics, 1981, 3 (3): 201 – 232.

[115] Frank H. Easterbrook. Two Agency – Cost Explanations of Dividends [J] . American Economic Review, 1984, 74 (4): 650 – 659.

[116] Gächter S. , Fehr E. Fairness in the Labour Market [M] . Physica – Verlag HD: Surveys in Experimental Economics, 2002.

[117] Gertler M. , Hubbard R. G. Corporate Financial Policy, Taxation, and Macroeconomic Risk [J] . The RAND Journal of Economics, 1993, 24 (24): 286 – 303.

[118] Gordon M. J. Dividends, Earnings, and Stock Prices [J] . Review of Economics & Statistics, 1959, 41 (2): 99 – 105.

[119] Grinstein Y. , Weinbaum D. , Yehuda N. The Economic Consequences of Perk Disclosure [J] . Contemporary Accounting Research, 2017, 34 (4): 1812 – 1842.

[120] Gugler K. Corporate Governance, Dividend Payout Policy, and the Interrelation Between Dividends, R&D, and Capital Investment [J] . Journal of Banking &

Finance, 2003, 27 (7): 1297 – 1321.

[121] Guo B. , Pérez – Castrillo D, Toldrà – Simats A. Firms' Innovation Strategy under the Shadow of Analyst Coverage [J] . Journal of Financial Economics, 2019, 131 (2): 456 – 483.

[122] Han J. C. Y. , Wild J. J. , Ramesh K. Managers' Earnings Forecasts and Intra – Industry Information Transfers [J] . Journal of Accounting & Economics, 1989, 11 (1): 3 – 33.

[123] Han J. C. Y. , Wild J. J. Stock Price Behavior Associated with Managers' Earnings and Revenue Forecasts [J] . Journal of Accounting Research, 1991, 29 (1): 79.

[124] Han J. C. Y. , Wild J. J. Unexpected Earnings and Intraindustry Information Transfers: Further Evidence [J] . Journal of Accounting Research, 1990, 28 (1): 211 – 219.

[125] Hart O. Financial Contracting [J] . Journal of Economic Literature, 2001, 39 (4): 1079 – 1100.

[126] Healy P. M. , Palepu K. G. Earnings Information Conveyed by Dividend Initiations and Omissions [J] . Journal of Financial Economics, 1988, 21 (2): 149 – 175.

[127] Helwege J. , Zhang G. Financial Firm Bankruptcy and Contagion [J] . Review of Finance, 2016, 20 (4): 1321 – 1362.

[128] Hertzel M. G. , Li Z. , Officer M. S. , et al. Inter – Firm Linkages and the Wealth Effects of Financial Distress along the Supply Chain [J] . Journal of Financial Economics, 2008, 87 (2): 374 – 387.

[129] Ho P. H. , Chen H. K. , Lin C. Y. , et al. Does Monitoring by the Media Improve the Performance of Government Banks? [J] . Journal of Financial Stability,

2016 (22): 76 – 87.

[130] Jameson M. , Prevost A. , Puthenpurackal J. Controlling Shareholders, Board Structure, and Firm Performance: Evidence from India [J] . Journal of Corporate Finance, 2014 (27): 1 – 20.

[131] Jensen M. C. , Meckling W. H. Theory of the Firm: Managerial Behavior, Agency Cost and Ownership Structure [J] . Journal of Financial Economics, 1976, 3 (4): 305 – 360.

[132] Jensen M. C. Agency Costs of Free Cash Flow, Corporate Finance, and Takeovers. The American Economic Review, 1986, 76 (2): 323 – 329.

[133] Jia He, Xinyang Mao, Oliver M. Rui et al. Business Groups in China [J] . Journal of Corporate Finance, 2013, 22 (5): 166 – 192.

[134] Joe J. R. , Louis H. , Robinson D. Managers' and Investors' Responses to Media Exposure of Board Ineffectiveness [J] . Journal of Financial and Quantitative Analysis, 2009, 44 (3): 579 – 605.

[135] Jorion P. , Zhang G. Credit Contagion from Counterparty Risk [J] . The Journal of Finance, 2009, 64 (5): 2053 – 2087.

[136] Jorion P. , Zhang G. Good and Bad Credit Contagion: Evidence from Credit Default Swaps [J] . Journal of Financial Economics, 2007, 84 (3): 860 – 883.

[137] Kang H. C. , Anderson R. M. , Eom K. S. , et al. Controlling Shareholders' Value, Long – Run Firm Value and Short – Term Performance [J] . Journal of Corporate Finance, 2017 (43): 340 – 353.

[138] Kahneman D. Attention and Effort [M] . NJ: Prentice – Hall: Englewood Cliffs, 1973.

[139] Kedia S. , Koh K. , Rajgopal S. Evidence on Contagion in Earnings Management [J] . The Accounting Review, 2015, 90 (6): 2337 – 2373.

［140］ Kim Y. , Lacina M. , Park M. S. Positive and Negative Information Transfers from Management Forecasts ［J］. Journal of Accounting Research, 2008, 46 (4): 885 – 908.

［141］ Kiyotaki N. , Moore J. Credit Chains. London School of Economics ［R］. Mimeo, 1997.

［142］ Kolay M. , Lemmon M. , Tashjian E. Spreading the Misery? Sources of Bankruptcy Spillover in the Supply Chain ［J］. Journal of Financial and Quantitative Analysis, 2016, 51 (6): 1955 – 1990.

［143］ La Porta R. , Lopez De Silanes F. , Shleifer A. , et al. Agency Problems and Dividend Policies around the World ［J］. Journal of Finance, 2000, 55 (1): 1 – 33.

［144］ Lang L. H. P. , Stulz, RenéM. Contagion and Competitive Intra – Industry Effects of Bankruptcy Announcements: An Empirical Analysis ［J］. Journal of Financial Economics, 1992, 32 (1): 45 – 60.

［145］ Li Y. , Lu M. , Lo Y. L. The Impact of Analyst Coverage on Partial Acquisitions: Evidence from M&A Premium and Firm Performance in China ［J］. International Review of Economics & Finance, 2018.

［146］ Luo D. Maximizing Short – Term Stock Prices Through Advertising ［J］. SSRN Working Paper, 2010

［147］ Luo W. , Zhang Y. , Zhu N. Bank Ownership and Executive Perquisites: New Evidence from An Emerging Market ［J］. Journal of Corporate Finance, 2011, 17 (2): 352 – 370.

［148］ Mcnichols M. , Dravid A. Stock Dividends, Stock Splits, and Signaling ［J］. Journal of Finance, 1990, 45 (3): 857 – 879.

［149］ Miller G. S. The Press as a Watchdog for Accounting Fraud ［J］. Journal of Accounting Research, 2006, 44 (5): 1001 – 1033.

[150] Miller M. H. , Modigliani F. Dividend Policy, Growth, and the Valuation of Shares [J] . Journal of Business, 1961, 34 (4): 411 – 433.

[151] Pacelli J. Corporate Culture and Analyst Catering [J] . Journal of Accounting and Economics, 2018 (7) .

[152] Pyo Y. , Lustgarten S. Differential Intra – Industry Information Transfer Associated with Management Earnings Forecasts [J] . Journal of Accounting and Economics, 1990, 13 (4): 365 – 379.

[153] R La Porta, Lopez – De – Silanes F. , Shleifer A. , et al. Agency Problems and Dividend Policies around the World [J] . The Journal of Finance, 2000, 55 (1): 1 – 33.

[154] Rajan R. G. , Wulf J. Are Perks Purely Managerial Excess? [J] . Journal of Financial Economics, 2006, 79 (1): 1 – 33.

[155] Redding L. S. Firm Size and Dividend Payouts [J] . Journal of Financial Intermediation, 1997, 6 (3): 224 – 248.

[156] S. C. Myers, N. S. Majluf, Corporate Financing and Investment Decisions When Firms Have Information that Investors Do Not Have [J] . Journal of Financial Economics, 1984, 13 (2): 187 – 221.

[157] Shin H. H. , Stulz R. M. Are Internal Capital Markets Efficient? [J] . The Quarterly Journal of Economics, 1998, 113 (2): 531 – 552.

[158] Shleifer A. , Vishny R. W. A Survey of Corporate Governance [J] . Journal of Finance, 1997, 52 (2): 737 – 783.

[159] Stein J. C. Information Production and Capital Allocation: Decentralized versus Hierarchical Firms [J] . Journal of Finance, 2002, 57 (5): 1891 – 1921.

[160] Stein J. C. Internal Capital Markets and the Competition for Corporate Re-

sources [J]. Journal of Finance, 1997, 52 (1): 111 – 133.

[161] Sun J., Liu G. Industry Specialist Auditors, outsider Directors, and Financial Analysts [J]. Journal of Accounting and Public Policy, 2011, 30 (4): 367 – 382.

[162] Sun J. Governance Role of Analyst Coverage and Investor, Protection [J]. Financial Analysts Journal, 2009, 65 (6): 52 – 64.

[163] Tetlock P. C. Giving Content to Investor Sentiment: The Role of Media in the Stock Market [J]. The Journal of Finance, 2007, 62 (3): 1139 – 1168.

[164] To T. Y., Navone M, Wu E. Analyst Coverage and the Quality of Corporate Investment Decisions [J]. Journal of Corporate Finance, 2018.

[165] Wang J., Ye K. Media Coverage and Firm Valuation: Evidence from China [J]. Journal of Business Ethics, 2015, 127 (3): 501 – 511.

[166] Williams M. L., McDaniel M. A., Nguyen N. T. A Meta – Analysis of the Antecedents and Consequences of Pay Level Satisfaction [J]. Journal of Applied Psychology, 2006, 91 (2): 392 – 413.

[167] Xu N., Li X., Yuan Q., Chan K. C. Excess Perks and Stock Price Crash Risk: Evidence from China [J]. Journal of Corporate Finance, 2014, 25 (2): 419 – 434.

[168] Yang D., Lu Z., Luo D. Political Connections, Media Monitoring and Long – Term Loans [J]. China Journal of Accounting Research, 2014, 7 (3): 165 – 177.

[169] Yermack D. Flights of Fancy: Corporate Jets, CEO Perquisites, and Inferior Shareholder Returns [J]. Journal of Financial Economics, 2006, 80 (1): 211 – 242.

[170] Yu F. Analyst Coverage and Earnings Management [J]. Journal of Financial Economics, 2008, 88 (4): 245 – 271.

# 致　谢

毕业已经将近两年，作为四年博士学习生涯的总结，我的博士论文也即将出版。写下这段文字时，不由得回想起在校期间的点点滴滴和王化成老师对我们的谆谆教诲。我成为王老师的弟子，已接近六个春秋。但是我始终认为，从王老师身上学到的，只是一点皮毛而已。王老师的研究和思想，最为宝贵的是他的立足点要远远高出常人，并且有着十分完善的思想体系。因此，在聆听老师的教诲的时候，哪怕只是一些闲谈，我依旧能够感到极大的震撼，并从中学到很多。常听人说，我们要活到老学到老，但是一直到跟随老师学习之后，在目睹了老师不断汲取新知识的人生态度之后，我才对这句话有了真正的体会。除此之外，老师儒雅的学者风度和乐观的人生态度，同样值得我用一生去学习。

张修平博士是在我博士就读期间，给予我最多帮助的一位师姐。有一段时间，我的论文写作陷入了僵局。由于本身性格和能力的限制，使我对论文写作过程中的一些细节问题，始终得不到有效的解决。在我十分迷茫的时候，是修平师姐给予了我极大的帮助。当我向修平师姐寻求帮助的时候，她已经毕业，并在对外经济贸易大学金融学院担任讲师。最开始的时候，我们是在合作两篇文章。合作第一篇的时候，我就深刻地感受到了修平师姐对学术精益求精的态度。并且修平师姐是一个洋溢着文艺气息的女博士。我读博士的时候，经常是蓬头垢面，穿衣服都是随手拿两件还算干净的衣服。可是每次看到修平师姐，都有一种惊艳的感觉。同样都是博士，修平师姐却读出了不一样的感觉。但是，事实上修平师姐是一个热衷于学术，在工作中非常努力、非常负责的人。希望师姐能够早日评上副教授、教授。

在读博士期间，一直陪伴在我身边的是同学、舍友、好友侯德帅博士。在我看来，侯德帅是一个相当不靠谱的人。和他聊天的时候，经常搞不清楚他说的哪些是真的，哪些是在开玩笑。而且身为我们的班长，他竟然是我们专业最早毕业的。在第四年的时候，因为学校已经不再给我们这些延期毕业的同学解决住宿，我只好在外面租房子住，而舍友依旧是侯德帅博士。事实上，这段在外居住的时间，也是我压力最大的时候。这段时间，我时常处于极大的焦虑之中。在他下班回来之后，我几乎都要缠着他发泄我的焦虑。现在想来，真是给他添了不少麻烦，非常感谢他对我的帮助。

现在，回首过去的时光，心中满是感慨。不知道，十年之后，当我再次回首过往，又会对这一段最后的学生时光报以怎样的感想。也不知道，未来的我是否能实现我在读博时的最初梦想，成功地在学术道路上留下属于自己的印记。但是，目前我还是以满足的态度来看待自己过去六年时间所付出的努力。希望将来的我，能够引领更多的学生走上学术道路，将我从老师那里学到的东西传递下去。

还要感谢师门的其他兄弟姐妹们，感谢你们在我读博期间给予的无私支持和帮助。也希望你们能够在未来的人生道路上取得自己的成就。

最后，感谢重庆理工大学会计学院阎建民书记、何雪峰院长和程平院长的无私帮助，以及重庆理工大学给予的资金支持。希望本书的出版能够对本学院的科研工作和学生培养提供部分助力。